中国知识产权公共服务发展报告（2019）

国家知识产权局公共服务司◎组织编写

知识产权出版社
全国百佳图书出版单位
—北京—

图书在版编目（CIP）数据

中国知识产权公共服务发展报告．2019/国家知识产权局公共服务司组织编写．—北京：知识产权出版社，2020.6

ISBN 978－7－5130－6977－9

Ⅰ.①中… Ⅱ.①国… Ⅲ.①知识产权—研究报告—中国—2019 Ⅳ.①D923.404

中国版本图书馆 CIP 数据核字（2020）第 095553 号

内容提要

作为国内首部知识产权公共服务专业报告，系统回顾了我国知识产权公共服务发展历程，全面总结 2019 年度我国知识产权公共服务总体发展情况、知识产权公共服务相关政策，重点介绍知识产权领域“放管服”改革、知识产权信息公共服务体系建设的最新进展和成效，选取地方知识产权公共服务典型案例予以宣传推广。

责任编辑： 卢海鹰　王玉茂　　**责任校对：** 谷　洋

封面设计： 博华创意·张冀　　**责任印制：** 刘译文

中国知识产权公共服务发展报告（2019）

国家知识产权局公共服务司　组织编写

出版发行： 知识产权出版社有限责任公司　　**网　　址：** http://www.ipph.cn

社　　址： 北京市海淀区气象路 50 号院　　**邮　　编：** 100081

责编电话： 010－82000860 转 8541　　**责编邮箱：** wangyumao@cnipr.com

发行电话： 010－82000860 转 8101/8102　　**发行传真：** 010－82000893/82005070/82000270

印　　刷： 三河市国英印务有限公司　　**经　　销：** 各大网上书店、新华书店及相关专业书店

开　　本： 787mm×1092mm　1/16　　**印　　张：** 9.75

版　　次： 2020 年 6 月第 1 版　　**印　　次：** 2020 年 6 月第 1 次印刷

字　　数： 172 千字　　**定　　价：** 60.00 元

ISBN 978－7－5130－6977－9

编审委员会

编　写　组

主　　编：王培章

副 主 编：卢小宾　阙东平

执行主编：冯宪萍　钱明辉

撰 稿 人：侯金霞　张永建　黄　峰　胡继伟　宋志军

于　浩　郭佳璐　樊安懿　潘　菲　赵思源

张晓蕊　鲁国轩　付　豪　魏春萍　戴梦婷

姜屹楠　匡月晴　田　甜　刘奥粤　梁　恬

冯泽宇　王可欣　余　欣　陈俊璇　林可菁

刘　慧

审 稿 人：刘　毅　金　波　葛富斌　王　波　吕　亮

前　言

当前，我国经济已由高速增长阶段转向高质量发展阶段，正处在转变发展方式、优化经济结构、转换增长动力的攻关期，创新驱动发展的需求比以往任何时期都更为迫切。知识产权制度作为激励创新的基本保障和综合竞争力的核心要素，在引领经济高质量发展中正发挥着日益重要的作用。

党中央、国务院高度重视知识产权工作，特别是党的十八大以来，习近平总书记对知识产权工作作出了一系列重要论述，把知识产权工作提到前所未有的高度。2016 年 12 月，习近平总书记在中央全面深化改革领导小组第三十次会议上提出要“打通知识产权创造、运用、保护、管理、服务全链条”“构建便民利民的知识产权公共服务体系”，为做好知识产权公共服务工作提供了根本遵循和行动指南。知识产权公共服务作为“全链条”中的重要一环，对知识产权创造、运用、保护、管理发挥着基础保障和信息支撑的关键作用。各级知识产权部门认真贯彻落实习近平总书记有关知识产权工作的重要讲话精神，按照国家知识产权局党组和申长雨局长提出的“织好公共服务网”的要求，努力向全社会提供高水平的知识产权公共服务，助力实施创新驱动发展战略，积极推进知识产权强国建设。

知识产权公共服务既是国家公共服务的重要组成部分，也是知识产权管理部门的重要职能。各级知识产权管理部门积极出台知识产权公共服务政策，建立健全知识产权公共服务体系，组织各类知识产权公共服务机构广泛参与，充分运用公共服务产品、知识产权信息等公共资源，以免费或低成本方式提供均等化、可及性的知识产权公共服务，满足社会公众和创新主体对知识产权创造、运用、保护、管理、服务等方面的基本需求。

近年来，各级知识产权管理部门深入学习贯彻习近平总书记关于知识产权的重要论述，贯彻落实党中央、国务院关于知识产权工作的决策部署，不断深化知识产权领域“放管服”改革，加大知识产权公共服务工作力度，围绕“织好公共服务网”这一要求着力提高知识产权服务能力、服务水平和服务质量，取得了一定成效。全国知识产权信息公共服务顶层设计初步形成，各地公共服务组织机构和队伍得到进一步加强，知识产权领域“放管服”改革的政策措施落地见效，知识产权公共服务领域不断拓展，公共服务内容和形式不断丰富创新，各地知识产权公共服务平台建设初见成效，知识产权信息传播利用能力水平稳步提升，逐步形成“全链条服务，服务全链条”的良好局面。

为全面展现知识产权公共服务工作阶段性成果，总结各地知识产权公共服务经验做法，更好地推进知识产权公共服务工作再上新台阶，国家知识产权局公共服务司组织编写了《中国知识产权公共服务发展报告（2019）》。作为国内首部知识产权公共服务发展报告，系统回顾了我国知识产权公共服务工作的发展历程，全面梳理了2019年度知识产权公共服务发展建设举措，详细介绍了知识产权信息公共服务体系建设进展，选取部分地方的先进工作经验，凝练出有实效、特色和影响力的案例进行推广。

目前，我国知识产权公共服务已进入快速发展阶段。知识产权公共服务的内涵、理论和实践将随着知识产权强国战略的实施和社会经济的发展而不断丰富和完善，公共服务工作任重而道远。鉴于编写人员的水平所限，报告中难免有疏漏之处，谨请广大读者批评指正。

编审委员会

2020年4月

目　录

第 1 章　知识产权公共服务发展历程

随着经济全球化的持续深入，国际市场竞争更加聚焦于科技创新领域的竞争，知识产权作为科技创新成果的载体和集中体现，日益成为一个国家参与全球竞争的核心战略资源，也成为衡量一个国家综合竞争力的重要指标。发达国家的实践证明，高质量且数量庞大的知识产权与知识产权公共服务的支撑密不可分。我国的知识产权公共服务伴随着知识产权事业的发展，经历了从无到有、逐步发展壮大的过程。近年来，在党中央、国务院的高度重视下，我国知识产权事业取得了长足发展，知识产权公共服务的地位和作用，也日益得到重视和加强。自2008 年《国家知识产权战略纲要》颁布以来，我国各级政府在知识产权公共服务领域出台了一系列政策措施，开展了大量基础性工作，不断推动知识产权公共服务发展，有力地促进了知识产权强国建设。特别是 2016 年习近平总书记有关“打通知识产权创造、运用、保护、管理、服务全链条”的重要讲话，为新时期知识产权公共服务工作指明了努力方向，提供了根本遵循和行动指南，全国知识产权公共服务工作走上了快速发展轨道。

1.1　起步阶段："十一五"之前

改革开放以来，我国对于知识产权的重视与日俱增，国家知识产权局（原中国专利局）紧跟时代前进步伐，全面贯彻党中央、国务院决策部署，把握“发展是硬道理”的时代主题，持续修订和完善知识产权相关制度，努力发挥知识产权在促进创新和经济发展中的作用，广泛、深入地开展了各项知识产权公共服务工作。

这一时期知识产权公共服务主要涉及信息化建设、专利文献服务、宣传培训和学术活动等。其中，信息化建设是为国家知识产权局系统以及全社会的用户提供高水平的信息化支持和服务保障，为中国知识产权信息在全国和全世界范围内的有效传播，提供坚实、可靠的技术支撑和现代化手段。在这一时期，国家知识产权局的信息化建设，主要围绕全局的中心工作开展，着重服务于专利审查和信息传播，提高工作效率，加快审查速度，保证审查质量，满足国家经济发展对专利审查工作的要求，紧跟国际先进水平的发展，保证国家知识产权局相关工作的持续发展。同时，国家知识产权局通过政府网站向全球用户提供服务，发布与知识产权相关的各类信息，宣传知识产权政策，提供基本的专利信息服务。

在该时期，专利文献服务主要体现在国家知识产权局对专利文献资源的配置。为适应专利信息电子化与网络化发展的要求，国家知识产权局在 2000 年将工作重心转到专利数据库的自主开发，并开通了“专利全文网络查询系统”，实现了美国专利全文在局域网上的快速查询。同年，全部中国专利信息也实现了互联网公开，公众可以通过互联网查阅中国专利公报和中国专利说明书中的全部内容，促进了中国专利信息的广泛传播。国家知识产权局还进一步加大对专利文献资源的开发利用，加工整合各种数据库，为地方经济发展和企业技术研发提供所需专业数据库，并开展专利信息分析。2002 年国家知识产权局完成了“中外专利数据库”二期项目的开发，建成了“武汉光谷专利信息数据库”，同时对“杨凌农业专利信息数据库”等各地已建成的近 10 个专利信息数据库进行数据更新及系统升级；为 13 个单位建立了专题专利信息数据库，其中包括上海市知识产权中心、广州市知识产权局、乐凯胶片集团公司等；为中科院科技纳米中心提供纳米技术领域的专利文献约 1.4 万件。2004 年完成济南（数控机床）、包头（稀土）、上海（集成电路）、沈阳（装备制造）4 个“专题专利数据库”建库任务，同时还完成了天津市知识产权局全套库和南通市科技局等七个单位专题库的建库工作，进一步扩大了“中外专利数据库”的应用范围。

在宣传方面，国家知识产权局认真贯彻执行中共中央、国务院的有关方针政策，抓住社会关注的知识产权领域中有影响的大事要事，广泛开展知识产权宣传普及工作。从 2001 年起，世界知识产权组织（WIPO）将每年的 4 月 26 日定为“世界知识产权日”。国家知识产权局以世界知识产权日为契机，在全国开展一系列的知识产权宣传活动，联合人民日报、新华社等主流新闻媒体，对知识产权方面的工作进行传播与推广。在注重发挥新闻媒介作用的同时，国家知识产权局也通过知识产权系统开展各类对外宣传活动。2001 年，国家知识产权局配合专利法修改及其实施细则的施行，分别在北京、浙江、陕西和广西等地举行专利法修改及其实施细则的宣讲活动。国家知识产权局积极支持指导地方宣传工作，调动地方宣传工作的积极性。

在培训方面，国家知识产权局组织指导开展了形式多样的培训工作，包括各省市的社会培训、局系统内部的专门业务培训、中国知识产权培训中心的培训工作等。社会培训重点围绕制定知识产权战略、增强自主创新能力、提高知识产权工作的能力和水平等方面，针对不同培训对象系统地设置课程，增强指导性和实践性，提高培训质量，加强知识产权优秀师资队伍建设，保障培训效果。国家知识产权局系统内部培训是针对局内人员在审查业务、外语、法律、知识更新和规章制度等方面开展一系列的培训工作。中国知识产权培训中心通过与不同的高校开展合作，培养高层次知识产权专门人才，培养了一批优秀的知识产权师资队伍。除了集中举办各类培训班外，国家知识产权局还举办各种学术活动，组织不同内容的专题讲座、会议，与培训活动相辅相成，使业务人员不断地更新知识，多方位地接受继续教育。

“十一五”之前，我国在知识产权公共服务领域积极进行探索，信息化建设不断取得进步，开通了专利电子申请系统，开展全国专利信息服务平台、全国专利管理信息平台、存储整合和存储扩容等建设项目。国家知识产权局进一步做好专利文献和专利信息服务工作，有效地促进知识产权信息的传播利用，为深入推进知识产权公共服务的发展奠定了基础。这一时期，与知识产权公共服务相关的主要政策性文件如表 1 – 1 所示。

表 1 – 1　“十一五”之前我国知识产权公共服务相关政策文件汇总

发文机构	年份	政策文件	知识产权公共服务工作任务
国务院	1992	国务院关于下达《国家中长期科学技术发展纲领》的通知（国发〔1992〕18 号）	建立对科技人员和科技活动的社会化服务体系。保护知识产权，发挥专利作用，促进技术成果的商品化、产业化
	2005	国务院关于印发《国家中长期科学和技术发展规划纲要（2006—2020 年）》（国发〔2005〕044 号）	将知识产权管理纳入科技管理全过程，充分利用知识产权制度提高我国科技创新水平。强化科技人员和科技管理人员的知识产权意识，推动企业、科研院所、高等院校重视和加强知识产权管理
国务院办公厅	1994	国务院办公厅关于印发中华人民共和国专利局机构编制方案的通知（国办发〔1994〕39 号）	管理国家专利文献，向社会提供专利信息服务；指导部门、地方的专利文献和专利信息工作，加强专利信息向社会各个领域的传播，促进信息产业的发展

续表

发文机构	年份	政策文件	知识产权公共服务工作任务
国务院办公厅	1998	国务院办公厅关于印发国家知识产权局职能配置内设机构和人员编制规定的通知（〔1998〕61 号）	组织、推动《中华人民共和国专利法》及有关法规的宣传普及工作；制定有关知识产权的教育与培训工作规划。组织拟定全国专利信息网络规划，负责专利统计工作
国家知识产权局	2001	国家知识产权局关于印发 2001 年全国专利工作要点的通知（2001 年 2 月 15 日）（国知发规字〔2001〕20 号）	加紧中国专利文献全文编码数据库建设，进一步完善专利信息网站，为公众提供网上中国专利文献查询服务。加大知识产权宣传普及、培训人才力度。进一步加强专利工作体系建设，逐步完善我国知识产权工作机制
	2001	全国专利队伍建设和人才资源开发“十五”计划（2001 年 6 月 1 日）（国知发人字〔2001〕88 号）	大力加强专利队伍建设和人才资源开发，为专利及知识产权事业的发展提供坚实的组织保证和人才支持。大力加强全社会知识产权知识的普及教育
	2001	国家知识产权局关于加强地方专利管理工作的若干意见（国知发管字〔2001〕第 175 号）	国家知识产权局对专利信息网点建设给予大力支持；要引导、支持行业协会开展专利宣传、普及、培训和法律咨询等活动，逐步提高我国专利保护和专利管理的社会化服务水平；建立人才培训基地
其他部委	1996	国家高新技术产业开发区管理暂行办法（国科发火字〔1996〕061 号）	建立完善的统计、信息系统和高新技术产业发展所需要的支撑服务体系。国家高新技术产业开发区应当办好创业服务中心，建立有关金融、外贸、知识产权、信息咨询、人才交流与培训等支撑服务体系

续表

发文机构	年份	政策文件	知识产权公共服务工作任务
其他部委	1998	关于加强国家高新技术产业开发区知识产权工作的若干意见（国科发政字〔1998〕099 号）	组织知识产权宣传、培训等工作；建立区内知识产权综合服务体系；充分发挥知识产权中介服务机构的重要作用；提供其他知识产权专项服务
	2002	科学技术部关于印发《关于国家高新技术产业开发区管理体制改革与创新的若干意见》的通知（国科发政字〔2002〕61 号）	高新区要重视和加强知识产权保护工作，加强知识产权管理制度、保护能力和服务体系建设
	2003	国家发展计划委员会关于继续实施现代农业高技术工程的公告（2003 年 2 月 18 日）	促进知识产权服务体系建立和完善，形成鼓励创新、加速优质新品种产业化的良性循环机制。以向农业企业提供优质、方便的政策信息服务为目标
	2003	国家科学技术部关于印发《关于加强国家科技计划知识产权管理工作的规定》的通知（国科发政字〔2003〕94 号）	建立和完善计划项目知识产权统计和公报制度，为公众提供计划项目成果知识产权信息平台，促进计划项目成果的扩散和应用。科技行政管理部门应当联合有关部门开展知识产权培训工作
	2005	科学技术部、财政部、国家发展和改革委员会、教育部关于印发《“十一五”国家科技基础条件平台建设实施意见》的通知（国科发财字〔2005〕295 号）	以国家知识产权专利文献资源为主，收集我国相关部门和世界各国的专利文献信息，建立联合目录和全文数据库，构建从目录到全文的检索和传递公共服务系统。完善成果信息资源库、技术交易数据库及创业孵化服务数据库，构建基本覆盖全国主要行业和区域的科技成果转化信息共享服务网络

1.2　初步成形：“十一五”期间

“十一五”期间，我国知识产权公共服务得到进一步发展，知识产权公共服务的能力和水平明显提高。2006 年 4 月，国家知识产权局印发《知识产权事业发展“十一五”规划》，明确提出“要全面提升我国企业掌握和运用知识产权制度的能力和水平”“加强知识产权工作综合能力建设，提供优质知识产权公共服务，培养一支宏大的知识产权工作队伍”，首次正式提出了知识产权公共服务的概念。2008 年，《国家知识产权战略纲要》的颁布，明确了我国一段时间内知识产权公共服务工作的发展目标，如建设高质量的专利、商标、版权、集成电路布图设计、植物新品种、地理标志等知识产权基础信息库，加快开发适合我国检索方式与习惯的通用检索系统；建立国防知识产权信息平台；指导和鼓励各地区、各有关行业建设符合自身需要的知识产权信息库；促进知识产权系统集成、资源整合和信息共享等；强调提高知识产权公共服务水平。

这一时期，我国的知识产权公共服务集中在服务体系建设、信息化建设、文献资源建设、宣传培训和学术活动等方面。国家知识产权局发布了《全国专利信息公共服务体系建设规划》，提出建设全国专利信息公共服务体系，为全国专利信息公共服务工作全面、协调、可持续发展奠定了基础。同时，为配合实施国务院颁布的十大重点产业调整和振兴规划，国家知识产权局办公室与国务院国有资产监督管理委员会行业协会联系办公室联合印发了《关于建设重点产业专利信息服务平台的通知》（国知办发〔2009〕121 号），成立了由国家知识产权局、国务院国有资产监督管理委员会及各有关行业协会组成的信息平台建设领导小组，正式建立重点产业专利信息应用工作合作机制。

在信息化方面，国家知识产权局分别建成了中国专利电子审批（E 系统）、中国专利检索与服务（S 系统）和外观设计专利智能检索（D 系统）三大系统，不断满足专利审查业务需要，专利审查综合业务能力明显提升。国家知识产权局还建成了全国专利管理信息平台、培训综合管理系统、财务信息管理平台等系统，有效提高了知识产权局管理工作的信息化水平。与此同时，数据资源建设工作全面开展，数据加工及数据标准制定工作稳步推进，数据质量检测体系初步形成，数据质量不断提高。

在文献资源方面，国家知识产权局文献资源获取渠道不断拓宽，收集工作的科学性进一步提高，资源涵盖范围进一步扩大，数量持续增长，累计收集国外 48 个知识产权机构出版的专利全文说明书，102 个知识产权机构的检索数据。文献资源管理手段不断丰富，应用系统建设工作稳步推进，数据加工质量监督体系日臻完善，文献标准制定工作不断深入，文献研究成果丰硕，2007 年知识产权文库项目顺利建成并发布“知识产权战略专用知识库”和“局内刊物数据库”两个子库，文库中的内容均经过主题和分类标引。文献服务手段不断创新，服务质量和成效得到提升，知识产权出版物不断丰富，更好地满足社会各界的专利信息需求。重点产业专利信息服务平台建设工作如期完成，2010 年 2 月 25 日，国家知识产权局与国务院国有资产监督管理委员会等有关部门联合召开了信息平台建成新闻发布会暨开通仪式。此外，各地方也积极开展知识产权服务平台建设以加强对文献资源的获取和利用。2010 年上海开通了上海知识产权（专利信息）公共服务平台，该平台收集了近 80 个国家、国际组织和地区的 5000 余万条专利文献数据（占全球所有专利文献的 90% 以上），整合了专利分析、评估、预警、转化和管理等服务功能，满足不同用户对专利信息应用的需求。

在宣传培训和学术活动方面，国家知识产权局通过电视、电台、网站、报纸等媒体构建的立体宣传网络，利用 4·26 世界知识产权日，在全国范围内开展系列宣传活动，增加主题宣传活动，提高社会公众知识产权意识；通过开展各类学术活动、创新培训形式，不断加强公众知识产权文化素养。国家知识产权局将高校和科研院所作为重要基地，推广专利信息利用，提高科技人才利用专利信息的意识和能力。2009 年，国家知识产权局启动了信息利用相关的标准培训教材的编写工作，分为《专利信息理论知识培训教材》《专利信息技能知识培训教材》和《专利信息应用知识培训教材》，以满足不同层次的培训需求，初步建立了“专利信息师资人才库”，实施“内部师资培训”计划。宣传、培训和学术活动促进了知识产权文化环境改善，极大地推动了社会主义文化建设，以“尊重知识、崇尚创新、诚信守法”为核心的知识产权文化理念，得到社会越来越广泛的认同。

“十一五”期间，我国初步形成了集信息化建设、专利检索服务、人才培养等多方面的专利信息传播利用体系，但是我国知识产权公共服务整体上还处于起步阶段，主要着眼点在基础数据库的建设以及个别特殊领域的应用，知识产权公共服务尚未实现普遍化、体系化。这一期间，主要的知识产权公共服务相关政策性文件如表 1－2 所示。

表 1-2 “十一五”我国知识产权公共服务相关政策文件汇总

发文机构	年份	政策文件	知识产权公共服务工作任务
国务院	2006	国家“十一五”科学技术发展规划	完善知识产权公共服务体系，支持建立知识产权信息服务平台，实现知识产权管理服务与科技创新活动的有机结合
	2006	国务院关于印发实施《国家中长期科学和技术发展规划纲要（2006—2020 年）》若干配套政策的通知（国发〔2006〕6 号）	国家科技部门会同知识产权管理部门建立知识产权信息服务平台，支持开展知识产权信息加工和战略分析
	2008	国家知识产权战略纲要（国发〔2008〕18 号）	构建国家基础知识产权信息公共服务平台，培育和发展市场化知识产权信息服务
	2009	国务院关于落实《政府工作报告》重点工作部门分工的意见（国发〔2009〕13 号）	继续实施知识产权战略，加强知识产权公共服务体系建设，提高知识产权审查质量和效率
国家知识产权局	2006	印发《知识产权事业发展“十一五”规划》的通知（国知发规字〔2006〕50 号）	加强知识产权信息化建设，提高信息公共服务水平。重点建设好电子化知识产权审批系统，包括电子申请、审查、公布公告等系统
	2009	印发《全国专利信息公共服务体系建设规划》的通知（国知发办字〔2009〕228 号）	确立了由 1 个国家专利数据中心、5 个区域专利信息服务中心和 47 个地方专利信息服务中心组成的三级服务体系框架
其他部委	2006	关于提高知识产权信息利用和服务能力推进知识产权信息服务平台建设的若干意见（国科发政字〔2006〕562 号）	充分认识知识产权信息对科技创新的重要作用，提高利用知识产权信息的意识和能力，发展知识产权信息服务队伍，推进知识产权信息服务平台建设，加强对知识产权信息利用与服务工作的领导和协调

1.3　快速发展："十二五"期间

随着"十二五"规划的制定与实施，我国各级政府部门更加重视知识产权公共服务工作。2011 年，国务院办公厅发布《国务院办公厅关于加快发展高技术服务业的指导意见》，提出要扩大知识产权基础信息资源共享范围，使各类知识产权服务主体可低成本地获得基础信息资源，实现知识产权基础信息资源共享。国家知识产权局印发《关于加强全国专利文献信息传播与利用工作的意见》，明确要逐步建立全国专利信息传播利用的宏观管理与业务指导体系，推进实施全国专利信息传播利用基地工程，并在广东开展基地试点建设。同年，国家知识产权局启动了专利审查协作江苏中心、广东中心和中山知识产权维权中心的信息化建设工作，开启了跨地域审查工作模式；开展了实用新型和外观设计智能审查研发与试点工作，为开展快速授权业务创造了条件。2011 年 4 月，国家知识产权局办公室与国务院国有资产监督管理委员会行业协会联系办公室联合印发了《专利信息应用优势行业协会培育工程方案》（国知办规字〔2011〕44 号），确定了中国石油和化学工业联合会、中国汽车工业协会、中国有色金属工业协会作为首批优势行业协会培育对象。重点产业专利信息服务平台运行良好，截至 2011 年底，平台累积点击量达 1.8599 亿次，页面浏览量达 8183 万次，获得行业协会及有关用户的好评。

2012 年，国务院在《服务业发展"十二五"规划》中指出要完善知识产权服务政策体系，推进体制机制创新。加强知识产权基础信息资源建设与开发利用，逐步建立分类科学、资源共享、高效优质的产业知识产权信息服务平台体系。国家知识产权局推进建设的"文献资源综合管理平台"于 2012 年投入运行，该平台整理近 300 种文献资源，进一步优化了文献资源的管理。同时，国家知识产权局完成了"文献资源分析体系方法与实践"和"文献资源发展报告"研究；完成 20 多期 DOCDB 过档和增量文献的分析报告以及澳大利亚和加拿大光盘文献分析报告；修订《中国专利数据深加工标引规则和检测规则》，制定"非专利文献加工项目检测管理流程"和"中国专利文献英文翻译项目检测管理流程"。为了更好地推进专利信息公共服务工作，国家知识产权局确定北京、江苏、山东、四川 4 个省级知识产权局成为专利信息传播利用基地单位；加强人才培养，在全国范围内确定首批专利信息领军人才 33 人、专利信息师资人才 100 人，建立专利信息人才培训工作档案，联合地方局开展不同层次的专利信息技能培训 16 次，培训学员 1000 余人。继续组织实施专利信息应用优势行业协会培育工程，有关行业协会完善专利工作体系、健全制度机制、培养专利信息人才，行业专利信息应用能力明显提升，产生示范引领效应；建立重点行业专利信息分析需求汇集机制，关键技术领域分析需求与国家知识产权局专利分析普及推广项目有效对接，实现需求引导研究、研究成果服务产业创新发展的目标。

2013 年，国家知识产权局在保障专利电子审批系统、专利检索系统等重要系统平稳运行的基础上，积极推进智能审查系统建设，支持专利审查协作中心筹建。进一步深化全国专利信息公共服务体系建设；组织编写《全国专利文献信息传播利用 2012》，在辽宁、天津、上海、浙江、安徽、重庆、湖南等 7 个地区设立专利信息传播利用基地，完成我国主要经济区域的基地布局；完成第二批全国专利信息人才选拔，新增专利信息领军人才 20 名、师资人才 50 名；指导天津、广东两个试点地区开展专利竞争情报分析研究与服务工作，开展面向安徽、宁夏等中西部地区五省（区）的专利信息利用促进与帮扶试点工作；采用外派培训师资等多种方式，支持地方局和其他机构共计 10 个培训项目，举办不同层次专利信息技能培训班 7 期，培训学员达 2000 余人。

2014 年，国务院发布《国务院关于加快科技服务业发展的若干意见》，提出要推动知识产权基础信息资源免费或低成本向社会开放，基本检索工具免费提供社会公众使用。支持相关科技服务机构面向重点产业领域，建立知识产权信息服务平台，提升产业创新服务能力。因此，国家知识产权局加快了专利信息公共服务体系建设步伐，加大了对区域专利信息服务中心的支持力度，支持地方特色产业和重点领域专利信息服务平台建设；加强专利信息传播利用基地建设，深化专利信息利用帮扶促进工作；开展专利信息助推重点产业创新发展试点。国家知识产权局在完善公共服务信息化系统方面的主要措施包括优化公众版专利检索与服务系统、升级改造国家知识产权局官方网站和公众咨询服务呼叫系统，建设为公众提供检索服务的无锡外观设计检索系统等 3 个知识产权快速维权援助系统；推进专利基础数据资源的开放工作，建设并开通用于专利基础数据下载服务的专利数据服务试验系统，向社会公众免费提供最新的国内外专利基础数据。在专利信息传播与利用方面，国家知识产权局积极推动《企业专利信息利用工作指南》和《专利文献信息服务指南》对企业专利信息利用的规范指导；在12个基地开展专利信息利用促进支撑项目，实现新增29家重点促进单位的培育，形成了“企业－服务机构”联动、“企业－政府－服务机构”三方联动等多种专利信息工作模式；面向青海、宁夏、贵州、甘肃、云南、广西、西藏、新疆西部8省区开展了专利信息利用帮扶活动。

2015年12月，国务院发布了《国务院关于新形势下加快知识产权强国建设的若干意见》，提出我国仍面临知识产权大而不强、多而不优、保护不够严格、侵权易发多发、影响创新创业热情等问题，提出若干具体措施，包括加强知识产权信息开放利用；推进专利数据信息资源开放共享，增强大数据运用能力；建立财政资助项目形成的知识产权信息披露制度；加快落实上市企业知识产权信息披露制度；规范知识产权信息采集程序和内容；完善知识产权许可的信息备案和公告制度；加快建设互联互通的知识产权信息公共服务平台，实现专利、商标、版权、集成电路布图设计、植物新品种、地理标志等基础信息免费或低成本开放；依法及时公开专利审查过程信息；增加知识产权信息服务网点，完善知识产权信息公共服务网络。国家知识产权局加大推广《企业专利信息利用工作指南》和《专利文献信息服务指南》的力度，推动专利信息工作标准化和规范化；进一步扩大专利基础数据开放范围，对专利数据信息进行加工，确保提供数据的完整性、准确性和时效性；开展重点产业专利分析，发布各类专利分析报告，推动在重点区域、重点企业、重大专项中开展知识产权分析评议。

“十二五”期间，我国知识产权公共服务主要聚焦基础信息“开放”“共享”，基本建成了全国专利信息公共服务体系；国家知识产权局主导的部分知识产权信息公共服务平台实现检索等服务功能；在相关知识产权公共服务平台建设过程中，积极探索“政府搭台，企业唱戏”模式，使企业能够在公共资源平台上开展相关活动。此外，国家知识产权局还增进了知识产权信息资源的开放共享，进一步打通了信息壁垒、降低中小创业者的信息获取成本，完善了知识产权公共服务平台的体系和效用。这一时期，我国颁布的涉及知识产权公共服务的相关政策性文件如表1－3所示。

表 1-3 “十二五”我国知识产权公共服务相关政策文件汇总

发文机构	年份	政策文件	知识产权公共服务工作任务
国务院	2011	国家知识产权事业发展“十二五”规划（国知发规字〔2011〕126号）	建立健全多种类型、多层次的知识产权信息库和知识产权公共服务平台，及时公开基础性知识产权信息。大力推进知识产权信息公共服务工程重大项目建设，创新知识产权公共服务平台运行机制和服务模式，鼓励开展知识产权信息公共服务，提高为科技创新提供知识产权专业服务的能力。加强知识产权信息和舆情监测，定期发布知识产权信息
	2012	质量发展纲要（2011—2020年）（国发〔2012〕9号）	构建标准化科技支撑体系和公共服务体系，健全国家技术标准资源服务平台。建立质量提升服务平台，完善对中小企业信息咨询、技术支持等公共服务和社会服务体系，实现质量提升和赶超
	2012	服务业发展“十二五”规划（国发〔2012〕62号）	加强知识产权基础信息资源建设与开发利用，逐步建立分类科学、资源共享、高效优质的产业知识产权信息服务平台体系
	2014	国务院关于加快发展生产性服务业促进产业结构调整升级的指导意见（国发〔2014〕26号）	扩大知识产权基础信息资源共享范围，促进知识产权协同创新
	2014	国务院关于加快科技服务业发展的若干意见（国发〔2014〕49号）	知识产权基础信息资源开放，建立重点产业知识产权信息服务平台
	2015	国务院关于大力推进大众创业万众创新若干政策措施的意见（国发〔2015〕32号）	建立科技基础设施、大型科研仪器和专利信息资源向全社会开放的长效机制
	2015	国务院关于积极推进“互联网+”行动的指导意见（国发〔2015〕40号）	加快推进专利基础信息资源开放共享，支持在线知识产权服务平台建设，鼓励服务模式创新，提升知识产权服务附加值，支持中小微企业知识产权创造和运用

续表

发文机构	年份	政策文件	知识产权公共服务工作任务
国务院	2015	国务院关于促进云计算创新发展培育信息产业新业态的意见（国发〔2015〕5 号）	积极探索知识产权及其他有关管理机构数据资源向公众开放
	2015	国务院关于新形势下加快知识产权强国建设的若干意见（国发〔2015〕71 号）	推进专利数据信息资源开放共享，增强大数据运用能力，加快建设互联互通的知识产权信息公共服务平台、增加知识产权信息服务网点，完善知识产权信息公共服务网络
	2015	中国制造 2025（国发〔2015〕28 号）	构建知识产权综合运用公共服务平台
国务院办公厅	2011	国务院办公厅关于加快发展高技术服务业的指导意见（国办发〔2011〕58 号）	扩大知识产权基础信息资源共享范围，使各类知识产权服务主体可低成本地获得基础信息资源，实现知识产权基础信息资源共享
	2012	关于加强战略性新兴产业知识产权工作的若干意见（国办发〔2012〕28 号）	建立战略性新兴产业知识产权统计制度，促进知识产权信息的交流与共享
	2014	深入实施国家知识产权战略行动计划（2014—2020 年）（国办发〔2014〕64 号）	知识产权基础信息资源免费或低成本向社会开放，基本检索工具免费提供社会公众使用
国家知识产权局	2011	印发《关于加强全国专利文献信息传播与利用工作的意见》的通知（国知发办字〔2011〕151 号）	逐步建立全国专利信息传播利用的宏观管理与业务指导体系，推进实施全国专利信息传播利用基地工程
	2014	关于深入实施国家知识产权战略加强和改进知识产权管理的若干意见（国知发协字〔2014〕41 号）	加强基础知识产权信息的共享开放，向社会提供便利好用的基础信息
	2014	关于知识产权支持小微企业发展的若干意见（国知发管字〔2014〕57 号）	有序开放知识产权基础信息资源增强小微型知识产权服务机构市场服务供给能力
	2015	关于进一步加强知识产权运用和保护助力创新创业的意见（国知发管字〔2015〕56 号）	提升知识产权信息获取效率；加强创新创业专利服务；完善专利基础数据服务试验系统，扩大专利基础数据开放范围

续表

发文机构	年份	政策文件	知识产权公共服务工作任务
其他部委	2011	当前优先发展的高技术产业化重点领域指南（2011 年度）（国家发改委、科技部、工业与信息化部、商务部、国家知识产权局，2011 年第 10 号公告）	优先发展高技术服务产业知识产权服务，如知识产权数据加工、翻译、专题数据库建设等信息加工服务；知识产权申请、注册、登记等代理服务；知识产权的交易、推广、评估、投融资、证券化、托管、公证、培训等服务

1.4 发展新时期："十三五"以来

2016 年 12 月 5 日，习近平总书记主持召开中央全面深化改革领导小组第三十次会议讲话中指出：开展知识产权综合管理改革试点，要紧扣创新发展需求，发挥专利、商标、版权等知识产权的引领作用，打通知识产权创造、运用、保护、管理、服务全链条，建立高效的知识产权综合管理体制，构建便民利民的知识产权公共服务体系，探索支撑创新发展的知识产权运行机制，推动形成权界清晰、分工合理、责权一致、运转高效的体制机制。2016 年 12 月 30 日，国务院印发《"十三五"国家知识产权保护和运用规划》，明确提出：建成便民利民的知识产权信息公共服务平台。知识产权公共服务成为国家知识产权战略极为重要的组成部分，并成为知识产权领域的主要工作之一。国家知识产权局专利文献部、自动化部等部门推出了提升知识产权公共服务水平的相关措施。例如，专利服务平台在 2016 年更加健全，知识产权综合服务能力快速提升，先后完成 5 家快速维权中心信息化建设工作，通过优化业务流程支撑专利代办处开展快速维权业务。国家知识产权局开通专利事务服务系统手机 APP 应用，提供专利费减证明备案、文件副本请求以及专利登记簿查询等服务；完成专利检索及分析系统用户界面和数据源全新升级。在人才培养方面，国家知识产权局在 12 个专利信息传播利用基地所在省、市试点开展了第一期全国专利信息实务人才选拔工作，确定了 605 名全国专利信息实务人才。

2017 年，国家知识产权局建立专利信息服务（区域）中心中期汇报机制，推动专利信息服务（区域）中心工作深入开展；稳步实施新一代地方专利检索及分析系统试点工作，在成都举办系统培训班，并在 15 个试点中心完成系统部署，推进地方中心服务能力升级。截止到2017年，国家知识产权局认定专利文献服务网点共120家，专利文献服务网实现全国覆盖，形成以提供专利文献支持、专利信息咨询、公共教育等基础公共服务供给的网点体系；开展特色基地培育试点以及专利文献服务网点能力培育项目，提升基地以及网点服务能力，项目覆盖全国16个省（区、市）；实施专利信息筛选及主动推送、专利信息助力创新创业、专利信息帮扶、企业专利信息能力建设4大类23个信息利用项目，覆盖山东、湖南等全国13个省（区、市）。国家知识产权局加强对全国专利信息传播利用工作的指导，组织召开“2017年全国专利信息传播与利用工作会议”；编写发放《全国专利信息传播利用2016》；发布并实施《2017年度全国专利信息传播利用工作计划》，对基地、人才等工作进行重点指导和培育；编制专利文献资源联合目录，涵盖41个局内部门（单位）、31个省（区、市）级知识产权局的文献资源目录信息。2017年，专利信息人才工作逐步推进，国家知识产权局组织了第二期专利信息实务人才评选，形成专利信息领军人才105人、专利信息师资人才296人、专利信息实务人才941人的三级专利信息人才梯队；实施面向全国专利信息领军人才、师资人才和实务人才的专利信息人才项目10项；面向青海、甘肃等7省区举办实务技能培训7期，夯实专利信息工作人才基础。

2018年，新一轮机构改革中，重新组建国家知识产权局，实现专利、商标、地理标志、集成电路布图设计等知识产权的集中统一管理。重新组建的国家知识产权局增设公共服务司，强化知识产权公共服务职能。国家知识产权局公共服务司的职责主要是：负责组织实施全国知识产权信息公共服务体系和信息化建设，承担知识产权信息加工标准制定相关工作，推动信息服务的便利化、集约化、高效化，承担商标、专利等知识产权信息的传播利用相关工作，以及研究分析和发布知识产权申请、授权、注册、登记等信息工作。知识产权公共服务组织职能得到明显加强。

2018年，新一代地方专利检索及分析系统试点范围进一步扩大至24家，新增企业注册用户超过8000个，全国专利信息公共服务体系服务能力进一步升级。专利检索及分析系统整体平稳运行，新增注册用户42万，累计注册用户量达到105.8万。在知识产权信息传播利用方面，商标信息传播利用的快捷性进一步提高，商标局升级改造商标网上查询和商标电子公告系统，丰富商标检索条件，缩短商标查询盲期，提供全量商标公告信息，压缩公告刊发排版周期，提升商标信息查询的及时性和便利性。国家知识产权局进一步深化对全国专利信息传播利用工作的指导，发布并实施《2018 年度全国专利信息传播利用工作计划》；组织召开 2018 年专利信息传播利用工作交流会；编写并发放《全国专利信息传播利用 2017》；汇编形成《全国知识产权系统文献资源联合目录（2018）》，共收集全国知识产权系统内文献资源 1162 条，包括 238 个数据库、471 种文献数据、405 份研究报告、48 种期刊。此外，国家知识产权局不断推进专利信息传播利用基地能力建设，开展基地综合、特色能力培育项目，助力企业创新创业；实施专利信息筛选及主动推送、专利信息助力创新创业、专利信息帮扶、企业专利信息能力建设、专利信息利用与专利运营等信息利用项目共计 5 大类 26 个，覆盖全国 22 个省（区、市）。在加强人才培养与使用方面，国家知识产权局面向全国 120 家专利文献服务网点举办两期全国专利文献服务网点业务培训班，面向全国专利信息人才举办两期全国专利信息人才培训班。实施 11 项专利信息人才项目，提升网点的专利文献支持、专利信息咨询、公共教育等基础公共服务供给能力；同时加强高校知识产权信息服务中心建设，开展高校国家知识产权信息服务中心指导项目、培训课程体系开发项目，助力高校成果转化。

2019 年 9 月，国家知识产权局印发《关于新形势下加快建设知识产权信息公共服务体系的若干意见》（以下简称《意见》），完成了知识产权信息公共服务的顶层设计。《意见》指出，知识产权信息公共服务由政府主导、多元参与，提出在加快建设以各级知识产权管理部门所属知识产权信息公共服务机构为主的主干服务网络的同时，统筹布局知识产权信息公共服务网点建设，强化部际合作，积极推动高校、科研院所、图书情报机构等纳入知识产权信息公共服务体系，作为知识产权信息公共服务的重要网点，向社会公众和创新创业主体提供高质量的知识产权信息公共服务。《意见》明确了知识产权信息公共服务的发展路径，对加强知识产权信息公共服务体系建议和优化公共服务资源供给具有重要的现实意义，为知识产权强国建设和经济高质量发展提供了更有力的支撑。

党的十九大报告强调“倡导创新文化，强化知识产权创造、保护、运用”，为知识产权事业发展指明了努力的方向。在习近平新时代中国特色社会主义思想的指导下，“十三五”以来，我国知识产权公共服务不断取得新的进展。知识产权公共服务从支撑创新发展需求出发，发挥专利、商标等知识产权的引领作用，努力打通知识产权创造、运用、保护、管理、服务全链条，以构建便民利民的知识产权公共服务体系为发展目标，不断探索支撑创新发展的知识产权公共服务工作机制，开启了知识产权公共服务的新局面。这一时期涉及知识产权公共服务的相关政策性文件如表 1－4 所示。

表 1－4　“十三五”以来我国知识产权公共服务相关政策文件汇总

发文机构	年份	政策文件	知识产权公共服务工作任务
中共中央、国务院	2016	国家创新驱动发展战略纲要	加快建设知识产权强国。深化知识产权领域改革，深入实施知识产权战略行动计划，提高知识产权的创造、运用、保护和管理能力
	2017	关于营造企业家健康成长环境弘扬优秀企业家精神更好发挥企业家作用的意见（中发〔2017〕25 号）	开放专利信息资源，向企业开放专利信息资源和科研基地，完善涉企政策和信息公开机制
	2018	粤港澳大湾区发展规划纲要（2018 年）	建立大湾区知识产权信息交换机制和信息共享平台
	2019	关于强化知识产权保护的意见（〔2019〕34 号）	加强基础平台建设，建立健全全国知识产权大数据中心和保护监测信息网络
国务院	2016	“十三五”国家信息化规划（国发〔2016〕73 号）	建立公益性专利信息服务平台，为我国企业提供必要的境外专利诉讼和代理、知识产权保护援助服务
	2016	“十三五”国家知识产权保护和运用规划（国发〔2016〕86 号）	构建知识产权运营公共服务平台体系，建成便民利民的知识产权信息公共服务平台；促进知识产权开放合作
	2017	国家教育事业发展“十三五”规划（国发〔2017〕4 号）	强化高校创新体系建设，支持高校图书馆建设知识产权信息服务中心，为促进高校创新提供服务
	2018	国务院关于推动创新创业高质量发展打造“双创”升级版的意见（国发〔2018〕32 号）	完善知识产权运营公共服务平台，逐步建立全国统一的知识产权交易市场

续表

发文机构	年份	政策文件	知识产权公共服务工作任务
国务院办公厅	2016	《国务院关于新形势下加快知识产权强国建设的若干意见》重点任务分工方案（国办发〔2016〕66号）	加强知识产权信息开放利用，增加知识产权信息服务网点，完善知识产权信息公共服务网络
	2016	知识产权综合管理改革试点总体方案（国办发〔2016〕106号）	整合知识产权公共服务资源，整合知识产权公共服务资源，优化知识产权公共服务供给，实现知识产权信息等各类服务的便利化、集约化、高效化
	2018	全国深化“放管服”改革转变政府职能电视电话会议重点任务分工方案（国办发〔2018〕79号）	深化商标注册、专利申请等便利化改革，5年内将商标注册审查时间压缩到4个月以内，发明专利审查周期压减1/3，其中高价值专利审查周期压减一半
国家知识产权局	2017	高校知识产权信息服务中心建设实施办法（国知办发规字〔2017〕62号）	支持高校优势学科建设，协助高校知识产权的资产管理和运营，促进高校知识产权转移转化
	2017	“十三五”国家知识产权保护和运用规划重点任务分工方案（国知战联办〔2017〕17号）	加强知识产权公共服务体系建设，建立健全知识产权公共服务网络，增加知识产权信息公共服务产品供给，制定发布知识产权公共服务事项目录和办事指南
	2019	技术与创新支持中心（TISC）建设实施办法（国知办发服字〔2019〕27号）	促进机构、公共图书馆、高校和研究院所图书信息机构以及承担知识产权信息服务的市场化机构等各类型法人单位申报建设成为TISC机构
	2019	关于新形势下加快建设知识产权信息公共服务体系的若干意见（国知发服字〔2019〕46号）	建立健全便民利民的知识产权信息公共服务体系、强化知识产权信息公共服务体系的支撑保障、组织实施
	2020	关于深化知识产权领域“放管服”改革营造良好营商环境的实施意见（国知发服字〔2020〕1号）	推动知识产权领域职能转变，进一步完善知识产权制度资源供给，提高知识产权服务水平，借助人工智能、大数据等现代信息技术提高知识产权“放管服”改革效率

续表

发文机构	年份	政策文件	知识产权公共服务工作任务
其他部委	2016	交通运输科技“十三五”发展规划	支持交通运输科技服务机构成立知识产权服务联盟，推动知识产权基础信息资源免费或低成本向社会开放
	2016	关于全面组织实施中小企业知识产权战略推进工程的指导意见（国知发管字〔2016〕101 号）	完善中小企业知识产权公共服务体系，建立专利导航产业发展工作机制，探索建立专利导航研究推广中心，建设多功能、综合性的中小企业知识产权公共服务平台，奖励业绩突出的知识产权服务机构，实施知识产权特派员制度，为中小企业提供专业化服务

第 2 章　知识产权公共服务发展举措

2019 年，为深入贯彻落实习近平新时代中国特色社会主义思想，准确把握新时期知识产权公共服务发展新目标，努力推动知识产权公共服务再上新台阶，全国知识产权系统以党的十九大精神为指引，认真谋划知识产权公共服务新发展，推出一系列具有针对性和可操作性的工作举措，全国知识产权公共服务组织机构进一步加强，各省（区、市）在机构改革中均设置了负责公共服务工作的职能机构，约 1/3 的省市设立了公共服务处或者服务处。知识产权领域“放管服”改革取得初步成效，有效拓展业务办理渠道，精简业务办理程序，持续优化业务流程，提高审查质量和效率。通过加强知识产权公共服务政策引导、健全知识产权公共服务体系、丰富知识产权公共服务内容和产品供给等，全面加强知识产权公共服务。国家知识产权局注重知识产权信息公共服务体系的顶层设计，加强知识产权信息公共服务工作指导，持续提升知识产权信息公共服务水平和成效，强化知识产权全链条信息支撑和服务保障。

2.1　深化知识产权领域职能转变和“放管服”改革

近年来，党中央、国务院高度重视“放管服”改革，将“放管服”改革作为推动政府治理体系与治理能力现代化的重要部署和持续优化营商环境的重要举措。2019 年，国家知识产权局紧紧围绕党中央、国务院关于深化“放管服”改革的决策部署，加强统筹规划，全力推进深化知识产权领域“放管服”改革实施意见的制定工作，明确知识产权领域职能转变和“放管服”改革的总体要求、工作思路、任务目标和具体举措，全面提高行政效能，促进知识产权治理能力现代化，着力满足市场主体的主要诉求和经济发展的迫切需要，推动改革成果在更深程度、更大范围上惠及社会公众和市场主体。

2.1.1　研究制定改革实施意见

2019 年初，国家知识产权局成立以申长雨局长为组长的深化知识产权领域职能转变和“放管服”改革工作领导小组（以下简称“领导小组”），加强组织领导，统筹推进知识产权领域“放管服”改革。领导小组办公室及各成员单位，深入挖掘改革潜力，开展大量卓有成效的前期准备工作，全力推动深化知识产权领域“放管服”改革实施意见的制定工作。

一是统筹兼顾，准确把握，认真研究政策法规。深刻学习领会习近平总书记有关知识产权的重要讲话和指示，十九大及十九届二中、三中、四中全会精神，国务院加强政府职能转变和“放管服”改革文件要求，全面贯彻落实《优化营商环境条例》。结合近年来国务院深化“放管服”改革工作要点及任务分工要求，统筹分析行政许可事项及证明事项清理、市场准入负面清单制度、政务服务“好差评”制度建设、营商环境评价实施及降成本等“放管服”改革各项工作要求，准确把握党中央、国务院的目标要求和实现路径。

二是摸清家底，科学决策，梳理全局政务事项。收集整理“放管服”改革领导小组成员单位建议，前后两次请各成员单位研提改革举措。汇总梳理国家知识产权局 29 个部门政务事项 141 项，结合党中央、国务院“放管服”改革目标要求，逐项分析存在的问题并研提改进措施及优化建议。

三是集思广益，求真务实，广泛发动干部职工。面向国家知识产权局干部职工开展“我为‘放管服’改革献一计活动”，凝聚一线干部职工智慧力量，共收集意见建议近 30 条。部分意见建议直击当前知识产权实际工作的痛点、难点；部分意见建议为进一步提升知识产权公共服务水平提供了良好的思路；部分意见建议对知识产权工作提出了科学有效的构想。

四是问题导向，精准施策，深入了解地方和企业需求。分别赴浙江、广东、四川、湖北、江苏、上海、福建等地开展知识产权领域职能转变和“放管服”改革专题调研，深入地方知识产权管理部门、知识产权服务机构和市场主体，走访 20 余家企业和科研机构，召开 10 余场座谈会，倾听近百家创新主体的意见建议，面对面了解其对知识产权工作的需求和建议。针对调研中收集到的意见建议，归纳整理形成具体改进措施 30 余条，切实解决好市场主体所想、所需。

2020 年 1 月 3 日，国家知识产权局以 1 号文件的形式，正式印发《关于深化知识产权领域“放管服”改革　营造良好营商环境的实施意见》（以下简称“实施意见”），为全面深化知识产权领域“放管服”改革、推动优化营商环境奠定了坚实的政策基础。

2.1.2　实施意见总体框架及主要思路

实施意见共18条，包含五方面内容：一是总体要求。明确指导思想、基本原则，并明确实施意见三年内（到2022年）逐步落地见效。二是简政放权改革举措。以优化知识产权审查流程、提高知识产权审查质量、提升知识产权审查效率、推行告知承诺制等四方面为重点，推动持续激发社会创新活力。三是创新监管改革举措。以积极完善知识产权保护体系、创新知识产权保护方式、加强知识产权服务行业监管、加大对知识产权非正常申请打击力度等四方面为重点，推动营造良好创新发展环境。四是优化服务改革举措。以整合优化知识产权政务服务资源、推动知识产权业务办理公开透明、提升知识产权业务服务便利化程度、加强知识产权信息服务资源供给、加大对知识产权服务业的支持力度、促进知识产权运用等六方面为重点，加速推进创新进程。五是改革保障措施。明确分级负责、加强评估评价两方面要求，确保实施意见落地见效。

实施意见主要思路：一是明确知识产权领域“放管服”改革的目标与定位。按照国务院“放管服”改革工作任务分工意见的要求，贯彻落实《优化营商环境条例》，以建设服务型政府为目标，坚持问题导向、需求导向和效能导向，推动机制创新，加大资源供给，推进深度融合，以依法、合规、便民、效能为原则，促进知识产权治理能力现代化，到2022年实现知识产权申请更便利、审查更高效、运用更深化、保护更有力、服务更优质。实施意见所提改革举措立足于未来三年为周期，推动改革成效惠及长远。二是坚持以内部提升效能带动对外优化服务。深刻转变职能，完善制度设计，创新工作方式，自我加压，全面提高行政效能；落实国务院“放管服”改革工作任务分工，按照《优化营商环境条例》减环节、减材料、减时限和降成本的要求，着力提升服务的便利化和可及性，增加知识产权公共资源供给，简化程序，优化服务，切实增强社会公众的改革获得感。三是充分体现知识产权职能融合和业务整合。推动各类型知识产权职能融合、业务协同，充分发挥知识产权业务组合优势。如，在有条件的地方统筹设立公共服务中心，开展知识产权业务统一受理、统一咨询，实现“一站式受理”“一号对外”。拓展数据开放，加强数据共享，破除“信息孤岛”和“数据烟囱"，实现"一网通办"。全面推进知识产权领域管理、服务与现代信息技术深度融合。

2.1.3　实施意见的主要举措

实施意见坚持以"深化改革"为核心，着力解决知识产权领域"放管服"改革面临的深层次矛盾和问题，全面推动改革向纵深发展。

一是充分体现国家关于"放管服"改革的新任务、新要求。深入贯彻落实党中央、国务院关于"放管服"改革新要求和 2020 年 1 月 1 日生效的《优化营商环境条例》，结合知识产权领域工作实际，对推行告知承诺制、推进政务服务公开透明、提升业务服务便利化程度等专章提出改革举措，细化制定各项改革措施，切实将党中央、国务院的决策部署和《优化营商环境条例》落实到位。例如，实施意见提出"在商标专利转让、质押登记，专利费用减缴等业务环节，探索试行采取告知承诺的方式办理，进一步减少申请人提交证明材料数量""坚持政务公开，各级知识产权管理部门应当向社会公开政务服务事项（包括行政权力事项和公共服务事项）标准化工作流程和办事指南，细化政务服务标准，明确业务办理时限，推进同一事项实行无差别受理、同标准办理""加快建设国家知识产权公共服务平台，实现知识产权业务'一网通办'""进一步完善知识产权工作'好差评'制度建设，统一建立知识产权满意度调查机制""严格落实市场准入负面清单制度，根据专利代理条例、专利代理管理办法等有关规定，依法合规办理专利代理机构准入""进一步完善商标注册信息、专利登记信息、专利权评价报告网上公开工作"。

二是敢于"动真碰硬"，改革的力度进一步加大。随着知识产权领域"放管服"改革的逐步深入，部分深层次的痛点、难点问题逐渐凸显，需要我们以更大决心、更强力度推进改革。实施意见在总结前期改革经验的基础上，坚持问题导向，进一步加大改革力度。一方面，完善制度设计，切实提升知识产权服务创新发展的能力。如实施意见提出"适应新业态、新领域、新模式发展需要，完善知识产权审查审理标准和审查指南、类似商品和服务分类适应性修订机制""推动专利法实施细则修改，优化实用新型和外观设计专利权评价报告流程，允许申请人在办理专利权登记手续的同时提交专利权评价报告请求""探索建立商标快速审查机制，依法对明显涉嫌恶意申请和囤积的商标异议等案件实行快速审查""探索建立行业主管部门、行业协会、专家学者等多方参与的重大疑难案件咨询机制”。另一方面，加强内部管理，着力破除不利于创新发展、不利于群众办事的制度规定。如实施意见提出“服务窗口应当严格执行有关法律、规章的规定，不得任意减损行政相对人权利或增加行政相对人义务”“加强各级知识产权管理部门下属企事业单位经营业务管理，坚持公平公正原则，不得以知识产权管理部门名义或直接利用知识产权管理部门内部信息资源开展市场经营活动”。

三是突出“深度融合”，改革的宽度进一步拓展。充分体现新一轮机构改革对知识产权系统机构整合、职能融合的要求，实施意见各项改革举措突出职能融合，覆盖商标、专利、地理标志、集成电路布图设计等各类型知识产权，最大程度发挥知识产权业务组合优势，提升知识产权管理效能。例如，实施意见提出“积极推动知识产权业务集中受理，整合专利代办处、商标受理窗口职能。推动有条件的专利代办处、商标受理窗口拓展受理业务范围，实现‘最多跑一地’”“升级扩容知识产权咨询平台，完善平台建设，统一业务咨询电话号码，实现‘一号对外’”。同时，大力推进知识产权工作与科技、经济、文化、社会发展各项工作协同和深度融合。例如，实施意见提出“扩大知识产权金融服务范围，联合相关部门建立合作机制，引导银行业提供信贷支持，推动多类型知识产权混合质押，鼓励开发知识产权综合险种，加快推进知识产权证券化试点”。

四是积极“推陈出新”，不断创新工作方式方法。坚持以创新思维推动知识产权领域“放管服”改革，探索改革新举措、实现改革新成效。例如，实施意见提出“积极推进知识产权信息系统与国家法人库、人口信息库等系统的互联互通。强化平台功能，积极推动各级知识产权公共服务平台网络化，实现知识产权业务服务、政务服务和信息服务平台建设一体化”“创新审查方式，更大范围开展知识产权巡回审理、远程审理”“针对电子商务平台跨地域经营的特点，研究建设统一的电子商务领域知识产权保护信息化系统，对接全国主要电子商务经营网站，实现知识产权权属在线确认和在线监管等功能”“探索建立知识产权服务业社会监督机制”。

五是坚持“刀刃向内”、自我加压。在压缩知识产权审查周期方面，实施意见在贯彻落实国务院确定的目标任务的基础上，进一步提出“努力提升商标异议、商标撤销、商标驳回复审、商标宣告无效、实用新型审查、外观设计审查、专利无效和复审等业务审查效率”“进一步压缩商标转让、商标变更、商标续展、商标许可备案、专利权评价报告、专利著录项目变更、专利实施许可合同备案等业务办理时限”等目标任务；在优化流程方面，实施意见提出“按照便利申请人的原则，进一步梳理商标、专利、地理标志、集成电路布图设计等知识产权业务流程及环节，研究制定优化有关流程的措施，压减需当事人提交的材料”；在服务便利化方面，实施意见提出“推行知识产权行政裁定文书网上公开。完善业务办理所需证明材料清单的公示方式，对行政机关内部能够核查的内容，不再要求申请人提供；对确需申请人补正有关材料、手续的，应当一次性告知需要补正的内容”。

六是打通知识产权创造、运用、保护、管理、服务全链条，全面提升知识产权工作效能。为了贯彻落实习近平总书记关于打通知识产权创造、运用、保护、管理、服务全链条的重要指示，实施意见在支持知识产权创造、加强知识产权运用、强化知识产权保护、完善知识产权管理和优化知识产权服务等方面均提出了改革举措，突出各环节相互支撑，为打通知识产权全链条夯实了基础。例如，在知识产权保护方面，实施意见提出积极完善知识产权保护体系、创新知识产权保护方式、加强知识产权服务行业监管、加大对知识产权非正常申请打击力度等改革举措；在知识产权运用方面，实施意见提出“推动知识产权服务品牌机构培育，鼓励社会资本投资知识产权代理、法律、咨询、商用、信息、培训等业务，促进做大做强。高标准推进知识产权服务业集聚发展区建设”“开展知识产权运用相关数据指标的主动监测、实时分析和动态测算，全面及时反映知识产权运用促进综合效益。持续加强商标品牌建设，加大商标品牌创新创业基地建设力度，积极推动中国产品向中国品牌转变”。

七是聚焦经济发展迫切需要和市场主体实际需求，着力提升改革举措的针对性和有效性。实施意见坚持需求导向，吸纳市场主体、各级知识产权管理部门各类意见建议 60 余条，切实增强各类主体的改革获得感。例如，针对市场主体提出的“专利权评价报告出具流程不便利”的问题，实施意见提出“推动专利法实施细则修改，优化实用新型和外观设计专利权评价报告流程，允许申请人在办理专利权登记手续的同时提交专利权评价报告请求”；针对干部职工建议“优化专利申请质量”的建议，实施意见提出“持续推动优化知识产权激励政策，强化质量考核”。

八是科学研判、精准施策，坚持分类指导推进改革。强化正向引导激励，处理好顶层设计与基层探索的关系，注意结合地方实际分类指导。例如，实施意见提出“推动在欠发达的省和地级市设立综合公共服务机构，统一提供知识产权业务受理、知识产权信息服务、知识产权保护等服务。推动在知识产权市场活跃、需求旺盛的区域中心城市设立专业化知识产权服务机构，满足创新高端需求”。

2.2 全面加强知识产权公共服务

为进一步优化知识产权创新创造环境，国家知识产权局采取多方面措施推动知识产权公共服务升级；强化知识产权公共服务组织机构，加强知识产权公共服务政策引导，健全知识产权公共服务体系，不断丰富知识产权公共服务内容和产品供给，打造面向知识产权创造、运用、保护和管理的全链条服务，不断提升知识产权公共服务能力和水平。

2.2.1 强化知识产权公共服务组织机构

2018 年，第十三届全国人大一次会议第五次全体会议正式通过了国务院机构改革方案，这是改革开放以来我国进行的第八次国务院机构改革。与之前的机构改革相比，此次改革方案以国家治理体系和治理能力现代化为导向，改革机构设置，优化职能配置，深化转职能、转方式、转作风，提高效率效能；并明确提出加强公共服务等职能、建设人民满意的服务型政府。这一改革目标和要求在知识产权系统的改革过程中得到充分体现。通过改革，强化知识产权公共服务职能组织保障，加强公共服务工作统筹，打通知识产权创造、运用、保护、管理和服务全链条，发挥专利、商标、地理标志的组合效应，推动知识产权治理体系和治理能力的现代化，提升知识产权公共服务便利化水平，更好支撑创新驱动发展。

1. 国家知识产权局设立公共服务机构

根据党的十九届三中全会审议通过的《中共中央关于深化党和国家机构改革的决定》《深化党和国家机构改革方案》和第十三届全国人民代表大会第一次会议批准的《国务院机构改革方案》，对国家知识产权局的职能配置、内设机构和人员编制进行调整，中央办公厅、国务院办公厅印发《国家知识产权局职能配置、内设机构和人员编制规定》，明确重新组建的国家知识产权局主要承担以下职能：一是负责拟订和组织实施国家知识产权战略，特别是强化知识产权的创造、保护、运用；二是负责知识产权保护的工作，推进知识产权保护体系建设，指导商标、专利的行政执法；三是负责促进知识产权运用；四是负责专利、商标、地理标志的注册登记和行政裁决；五是负责建立知识产权公共服务体系，建设便企利民、互联互通的全国知识产权信息公共服务平台，推动商标、专利等知识产权信息的传播利用；六是统筹协调涉外知识产权事宜，按照分工开展对外知识产权谈判。

为进一步加强知识产权公共服务，促进知识产权公共服务能力的全面提升，国家知识产权局在重新组建过程中新设公共服务司，负责统筹指导全国知识产权公共服务工作，组织实施全国知识产权信息公共服务体系和信息化建设，承担知识产权信息加工标准制定相关工作，推动信息服务的便利化、集约化、高效化；承担商标、专利等知识产权信息的传播利用相关工作，研究分析和发布知识产权申请、授权、注册、登记等信息工作。

国家知识产权局的重新组建，是事关创新型国家建设的重大实践，有利于国家知识产权局在更高的起点上服务于国家创新战略，对于完善知识产权管理体制、加快建设知识产权强国、推动经济高质量发展具有十分重要的意义。一方面，国家知识产权机构的改革将知识产权和市场监管相结合，不仅进一步突显知识产权的市场属性，也进一步丰富市场监管的内涵，保证了整个知识产权工作链条的完整性，有助于打通知识产权创造、运用、保护、管理、服务全链条，推动形成权界清晰、分工合理、责权一致、运转高效、法治保障的知识产权体制机制。另一方面，知识产权公共服务是我国知识产权事业发展的重要基础，国家知识产权局重新组建后增设公共服务司，强化知识产权公共服务职能，为深入推进全国知识产权公共服务提供了组织保障，更加有力地支撑知识产权强国建设和经济高质量发展。

2. 省（区、市）知识产权公共服务组织机构调整

为加强知识产权公共服务，全国各省（区、市）在机构改革过程中均在省（区、市）知识产权管理部门设置了负责知识产权公共服务工作的职能机构，并明确了知识产权管理部门在公共服务方面的职责，主要包括：制定、发布知识产权公共服务相关政策，推进各级知识产权公共服务体系建设，整合公共服务资源，搭建地方知识产权公共服务平台，推动知识产权信息传播利用，提升知识产权公共服务的效率和便利化水平等。各省（区、市）知识产权管理部门负责公共服务工作的职能机构设置情况如表 2－1 和表 2－2 所示。

表 2-1　成立公共服务工作专职处室的省级知识产权管理部门

行政区域	公共服务处/服务处处室名称
河北省	知识产权公共服务处
辽宁省	知识产权服务处
吉林省	知识产权公共服务处
上海市	公共服务处
江苏省	知识产权服务处
安徽省	知识产权公共服务处
重庆市	公共服务处（专利代办处）
四川省	知识产权规划发展处、四川省知识产权服务促进中心服务业促进处
云南省	知识产权公共服务处
陕西省	公共服务处

表 2-2　由相关处室承担公共服务工作的省级知识产权管理部门

行政区域	承担公共服务工作的处室名称
北京市	知识产权协调处、知识产权管理处等
天津市	办公室、战略规划处、知识产权运用促进处
山西省	知识产权运用促进处
内蒙古自治区	知识产权保护处、知识产权发展处
黑龙江省	专利代办处
浙江省	知识产权发展处、专利监督管理处
福建省	知识产权运用促进处
江西省	知识产权创造运用处
山东省	知识产权运用促进处
河南省	知识产权运用促进处
湖北省	规划发展处
湖南省	知识产权促进处
广东省	知识产权促进处
广西壮族自治区	知识产权规划协调处
海南省	知识产权运用服务处
贵州省	知识产权战略处
西藏自治区	知识产权处
甘肃省	商标专利监管处
青海省	知识产权规划发展部
宁夏回族自治区	知识产权运用促进处
新疆维吾尔自治区	知识产权促进处
新疆生产建设兵团	质量发展处（知识产权处）

其中，约 1/3 的省（区、市）设立了独立的知识产权公共服务处或服务处，其他省（区、市）则由相关处室负责知识产权公共服务工作。各省（区、市）明确知识产权公共服务的机构职能和职责，为加强地方知识产权公共服务、提升区域知识产权公共服务能力，奠定了坚实的组织基础和队伍保障。

2.2.2　加强知识产权公共服务政策引导

党的十八大以来，以习近平同志为核心的党中央高度重视知识产权工作，对加快知识产权强国建设作出重大战略部署。国家知识产权局认真贯彻落实党中央决策部署，陆续出台了一系列知识产权公共服务相关政策，为各级各类知识产权公共服务节点和网点开展服务工作，提供了政策指导，为构建便民利民的知识产权公共服务体系奠定了坚实的基础和支撑。知识产权公共服务政策是习近平新时代中国特色社会主义思想在知识产权公共服务领域的具体体现，是知识产权发展一般规律与我国实践探索相结合的科学概括，是做好新时代知识产权公共服务工作的重要依据。

1. 知识产权公共服务相关政策

为进一步引导和提升知识产权工作，推动知识产权事业的高质量发展，2019 年我国出台了多项知识产权相关政策，既从宏观综合性的层面对知识产权整体工作进行全面部署，也从知识产权创造、运用、保护、管理、服务全链条各环节对各项具体工作加以指导，为知识产权强国战略的实施提供了有力的保障。多项政策中均包括知识产权公共服务相关内容，政策内容相互配合、支撑，逐步推进知识产权全链条的贯通。

在提升知识产权创造质量方面，国家知识产权局于 2019 年 6 月发布了《推动知识产权高质量发展年度工作指引（2019）》，强调要深化知识产权领域“放管服”改革，全面提升知识产权创造质量、保护效果、运用效益、管理水平、服务能力和国际影响力。工作指引提出了知识产权高质量发展的总体要求及适应知识产权高质量发展的指标体系、政策体系及统计体系的相关要求，并从宏观综合的角度对各地知识产权局的相关工作进行了部署，从而为全面落实党中央、国务院推动高质量发展决策部署，进一步做好 2019 年知识产权工作给出了指引。

在强化知识产权运用方面，为加快构建知识产权运营服务体系，充分释放知识产权综合运用效益，国家知识产权局于 2019 年 5 月发布《财政部办公厅　国家知识产权局办公室关于开展 2019 年知识产权运营服务体系建设工作的通知》。通知明确了知识产权运营服务体系建设工作的总体要求、主要任务、建设内容、工作程序及工作要求，为知识产权运营服务体系建设提供了政策引导。特别是对于知识产权运用中的公共服务工作，通知指出要分类施策提高创新主体知识产权管理运营能力，强化知识产权公共服务供给，提高创新主体对知识产权的运用能力，打通创新主体知识产权运营全链条经济创新力和竞争力，服务高质量发展。

在加强知识产权保护方面，党中央高度重视，中共中央办公厅、国务院办公厅于 2019 年 11 月发布《关于强化知识产权保护的意见》，为完善知识产权保护制度、优化知识产权保护机制作出了重要战略部署。意见明确了知识产权保护工作的总目标，提出强化制度约束以确立知识产权"严保护"政策导向、加强社会监督共治以构建知识产权大保护工作格局。意见进一步强调了知识产权公共服务对知识产权保护的支撑作用，提出要强化维权援助、举报投诉等公共服务平台软硬件建设，丰富平台功能，提升便民利民服务水平。

在提升知识产权管理水平方面，全国人大常委会于 2019 年发布了《中华人民共和国商标法（2019 修正）》，对商标的注册、续展、变更、使用等管理活动作出了新规定。其中，新修正的《商标法》规定"不以使用为目的的恶意商标注册申请，应当予以驳回"，强调申请者要以商标使用为目的，从源头上规范了商标注册申请；同时，此次修正为在商标代理、商标异议、商标无效程序中对打击恶意商标注册行为，提供了法律依据；此外，规范了商标代理行为，明确了商标代理机构的义务。《推动知识产权高质量发展年度工作指引（2019）》也强调了要配合做好《专利法》修改并启动新一轮《商标法》修改准备工作，提高知识产权审查质量和审查效率，研究构建一体化的知识产权公共服务体系。《关于新形势下加快建设知识产权信息公共服务体系的若干意见》强调加快国家知识产权公共服务平台建设及知识产权信息资源统筹管理，逐步扩大知识产权信息开放范围，同时支持各地建立中小企业知识产权预警机制，加强知识产权预警信息的收集发布，从而为提升创新主体知识产权管理能力准备了政策条件。

在促进知识产权服务方面，为进一步推进知识产权信息公共服务，国家知识产权局发布的《关于新形势下加快建设知识产权信息公共服务体系的若干意见》，对建立健全便民利民的知识产权信息公共服务体系作出了重要部署，按照 2022 年和 2025 年两个阶段，规划了知识产权信息公共服务体系建设的总体目标，明确了知识产权信息公共服务体系建设的指导思想、基本原则和具体措施，强调各类知识产权运营公共服务平台、行业或产业知识产权信息服务平台、科技信息服务平台等要与国家知识产权公共服务平台互联共享，围绕知识产权的创造、运用、保护、管理、服务，增强知识产权信息服务功能，从而为积极探索完善知识产权公共服务体系布局、努力织好知识产权信息公共服务网、持续提升知识产权公共服务水平提供了有力的政策支撑与方向指引，有助于积极推动知识产权强国建设。

2. 加强政策之间的衔接、配合

各项知识产权政策互相配合、环环相扣，有助于知识产权创造、运用、保护、管理、服务各环节的融合、贯通，打通知识产权全链条。加强政策间的衔接与配合，也有利于推动政策落地，进一步发挥政策对创新主体和市场主体的引导作用，保障知识产权公共服务相关工作的顺利开展。

知识产权创造是知识产权的源头，《关于新形势下加快建设知识产权信息公共服务体系的若干意见》提出推动国家知识产权大数据中心和国家知识产权公共服务平台建设、实现各地公共服务平台和各类专题数据库互联互通、开放共享知识产权信息资源，为知识产权创造提供数据支撑与服务，帮助创新主体更加充分地利用知识产权信息资源，助力提高知识产权创造质量。知识产权运用是知识产权的目的，《财政部办公厅　国家知识产权局办公室关于开展 2019 年知识产权运营服务体系建设工作的通知》聚焦知识产权创造运用重点领域和薄弱环节，贯通专利、商标、地理标志各类知识产权，为知识产权的运用转化提供了政策引导，有助于加快知识产权成果的价值实现和增值。知识产权保护是知识产权的核心，《关于强化知识产权保护的意见》对知识产权保护工作进行了全面的部署，部署了知识产权保护环节相关公共服务工作，为强化知识产权保护提供了重要保障。知识产权管理是知识产权的关键，《中华人民共和国商标法（2019 修正）》和正在修订中的专利法及其实施细则以及商标、专利管理有关规定，将为提升知识产权综合管理效率和业务服务水平奠定法治基础。知识产权公共服务是重要支撑，《关于新形势下加快建设知识产权信息公共服务体系的若干意见》的出台，从政策上进一步明确了知识产权信息公共服务对于知识产权各环节的支撑和配合，为面向知识产权全链条各环节工作提供知识产权信息服务的支撑和保障，提供了政策依据。

2019 年，国家围绕知识产权创造、运用、保护、管理和服务各环节出台的多项政策，均涉及知识产权公共服务，为知识产权公共服务有效支撑知识产权全链条提供了指导，对知识产权创造质量的提升、知识产权运用效益的增长、知识产权保护力度的增强、知识产权管理水平的提高以及知识产权服务能力的培育，将会发挥重要而积极的作用。一是知识产权公共服务有助于提升知识产权创造的质量和效率。知识产权公共服务对创新主体的扶持，有效激活了创新主体和市场主体的创新热情，有助于推进整个社会知识产权的持续性创造和高质量创造。二是知识产权公共服务有助于增长知识产权运用效益。知识产权公共服务注重提升综合运用知识产权信息，促进创新驱动发展的能力，通过不断探索支撑创新发展的知识产权信息服务机制，促进知识产权领域产学研融合发展，推动社会知识产权的有效转化。三是知识产权公共服务有助于增强知识产权保护力度。知识产权维权援助等服务能够帮助创新主体和市场主体保护自身权益，通过建立知识产权快速授权、快速处理的绿色通道，极大缩短创新主体和市场主体的知识产权授权与保护周期。四是知识产权公共服务有助于提高知识产权管理水平。申请注册便利化改革等知识产权公共服务进一步优化知识产权管理流程，提升知识产权管理效率；知识产权统计监测、信息预警等服务为知识产权管理提供决策依据，不断提升知识产权管理水平。五是知识产权公共服务有助于支撑知识产权全链条协同推进。知识产权公共服务体系建设、知识产权信息公共服务平台开发、知识产权信息传播利用等工作为创新主体提供渠道更加畅通、内容更加丰富的知识产权服务，进一步提升知识产权服务水平和能力，推动知识产权事业的繁荣。当前，知识产权公共服务政策的相互配合与共同促进，有助于引导创新主体和市场主体更加积极有效地参与知识产权活动，有助于对各地提高知识产权创造质量、运用效益、保护力度、管理水平和服务能力，有助于加快建立和健全我国知识产权公共服务体系，有助于保障知识产权公共服务成效的持续提升。随着促进知识产权高质量发展相关政策体系的构建和完善，将进一步打通知识产权创造、运用、保护、管理、服务全链条，进一步推动知识产权强国建设，加速创新驱动发展。

2.2.3　健全知识产权公共服务体系

我国知识产权公共服务体系由公共服务主干网络和服务网点构成，目的是以免费或低成本方式满足创新主体和市场主体对知识产权的公共需求。国家知识产权局在加强知识产权公共服务顶层设计的同时，统筹推进知识产权公共服务主干网络建设，强化部际合作，拓展知识产权公共服务网点布局，不断健全完善知识产权公共服务体系。

1. 知识产权公共服务体系框架构成

知识产权公共服务主干网络主要包括知识产权系统内从事知识产权公共服务的直属机构，大部分为各级知识产权管理部门所属的开展公共服务相关工作的企事业单位。作为主干网络服务节点，这些机构主要负责提供基础性、系统性、权威性知识产权公共服务，是知识产权公共服务体系建设的基础和核心。目前，我国知识产权公共服务主干网络服务节点包括专利代办处、商标受理窗口、专利审查协作中心、商标审查协作中心、知识产权保护中心、知识产权快速维权中心、知识产权维权援助中心以及地方知识产权管理部门所属的各类知识产权公共服务机构等。

知识产权公共服务网点主要指参与知识产权公共服务的社会化服务机构，包括各类科技与创新园区、国家及地方公共图书馆、各行业社团组织与行业协会以及其他社会化服务机构等。知识产权公共服务网点立足特定领域或特定行业，向创新主体提供涉及知识产权创造、运用、保护、管理和服务各环节的公共服务，联接依托知识产权公共服务主干网络，是知识产权公共服务体系的重要服务终端。

2. 知识产权公共服务主干网络服务机构建设概况

知识产权公共服务主干网络是我国知识产权公共服务供给的主渠道，为知识产权创造、运用、保护、管理和服务全链条提供基础服务支撑和保障。主干网络的健全完善，对构造便捷高效的知识产权公共服务体系具有重要意义。目前，我国主要的知识产权公共服务主干网络服务节点建设情况如下。

（1）知识产权信息公共服务节点

知识产权信息公共服务节点主要指国家级、省级和地市级知识产权部门所属的知识产权信息公共服务机构，负责面向所在区域社会公众、企业和创新创业主体等提供基础性、系统性、权威性知识产权信息公共服务，是知识产权信息公共服务的主渠道。国家层面的知识产权信息公共服务由国家知识产权局局内相关部门和局属单位履行。省、地市两级知识产权信息公共服务节点是指各省、市知识产权管理部门所属的信息公共服务机构。各级知识产权信息公共服务节点以社会公众和创新创业主体需求为导向，提供便利化、专业化、高质量的知识产权信息公共服务。

（2）专利代办处

专利代办处是国家知识产权局专利局在各省（区、市）知识产权局设立的专利业务派出机构，是国家知识产权局和地方知识产权局共同的对外服务窗口，发挥连接政府和公众的桥梁纽带作用。专利代办处主要承担专利局授权或委托的专利业务工作及相关的服务性工作，提供的公共服务包括专利申请文件的受理、费用减缓请求的审批、专利费用的收缴、专利实施许可合同备案、专利质押的受理、证明类文件出具、专利申请审查优先推荐服务、相关业务咨询服务、知识产权知识宣传等。国家知识产权局（中国专利局）从1985年以来陆续批准设立的专利代办处有34个，覆盖全国，主要提供知识产权创造环节的公共服务，旨在帮助创新主体和市场主体提升知识产权创造质量。

（3）商标受理窗口

商标受理窗口负责商标注册申请受理，马德里商标国际注册申请受理，出具优先权证明文件申请受理，商标变更、续展、转让申请受理及质权登记，规费收缴，审核商标注册申请文件，代发商标注册证，提供查询和咨询等服务工作。自2016年至2019年，国家知识产权局商标局[1]批准设立了10批次共212个地方商标受理窗口，其中，授权103个窗口开展注册商标专用权质权登记受理工作。地方商标受理窗口遍布全国31个省（区、市），为申请人就近办理商标申请和商标专用权质权登记提供了便利。

（4）专利审查协作中心

各专利审查协作中心履行专利审查和服务地方发展两大职能。其核心业务是受国家知识产权局专利局委托承担专利申请的审查工作。同时，各专利审查协作中心利用自身资源优势，推动知识产权信息分析利用，积极服务地方创新发展，以免费、低成本或定制化方式提供信息传播、信息咨询、专利导航、专利分析预警、知识产权分析评议、知识产权培训等信息服务。自2001年在北京成立首个专利审查协作中心以来，专利审查协作中心队伍日渐壮大，目前包括专利审查协作北京中心（以及福建分中心）、专利审查协作江苏中心、专利审查协作广东中心、专利审查协作河南中心、专利审查协作湖北中心、专利审查协作天津中心和专利审查协作四川中心。

---

[1] 2018年11月15日，根据《中央编办关于国家知识产权局所属事业单位机构编制的批复》，将原国家工商行政管理总局商标局、商标评审委员会、商标审查协作中心整合为国家知识产权局商标局。

（5）商标审查协作中心

各商标审查协作中心接受国家知识产权局商标局委托，承担商标注册审查的部分程序性和服务性工作。商标审查协作中心提供的知识产权公共服务包括开展注册商标申请现场受理、咨询、商标注册申请审查和商标法律法规宣传咨询服务等。通过不断健全完善制度、改进业务管理、加强信息化建设，推动商标审查理念进步、管理优化、手段创新、效率提高和质量提升，商标审查协作中心的商标公共服务水平显著提升，为我国商标品牌的发展奠定了坚实基础。截至 2019 年底，商标审查协作中心包括广州商标审查协作中心、上海商标审查协作中心、重庆商标审查协作中心、济南商标审查协作中心和郑州商标审查协作中心。

（6）知识产权保护中心

知识产权保护中心围绕新一代信息技术和高端装备制造产业，开展专利快速预审、专利快速维权、知识产权保护协作及专利导航运营等工作。保护中心推动建立以专利导航为引领、以快速预审和快速维权为保障、以专利运营为目的的知识产权快速协同保护服务链条，有效发挥知识产权对高精尖产业发展和科技创新中心建设的支撑和促进作用。2016 年国家知识产权局启动知识产权快速协同保护工作，依托地方共同建设知识产权保护中心，为创新主体、市场主体提供“一站式”知识产权综合服务。截至 2019 年底，保护中心建设有序推进，已批复同意北京、浙江、深圳等 26 个地区建设知识产权保护中心，服务范围覆盖新一代信息技术、高端装备制造、生物医药等 17 个重点产业，提供快速预审、快速确权、快速维权、运营导航等相关服务，保护中心布局初显成效。

（7）知识产权快速维权中心

知识产权快速维权中心的职能包括建立快速维权各项工作制度，规范工作流程和程序，健全中心与各行政部门及司法机关之间的快速维权协调机制，提供针对性知识产权快速维权服务，开展知识产权纠纷快速调解工作，充分发挥知识产权快速维权的重要作用。经过 8 年的发展，全国建立的知识产权快速维权中心数量已达 20 个。知识产权快速维权中心是知识产权支撑创新驱动发展行之有效的新路径，它充分发挥国家知识产权局、地方政府两个积极性与优势，将快速确权与快速维权有机结合，将行政保护与司法保护有效衔接，高效、快捷地满足了企业实际需求，在激发当地企业知识产权创造和运用积极性的同时，也吸引了外部创新资源与创新人才。

（8）知识产权维权援助中心

知识产权维权援助中心行政上隶属地方知识产权局，业务接受国家、省（区、市）知识产权局指导，主要负责构建和管理知识产权维权援助服务网络，组织合作单位和专家开展知识产权维权援助工作。援助中心致力于构建成为一个维护知识产权权利人合法权益和社会公众利益的公共服务平台。2007 年 11 月，为完善公共服务体系，强化社会管理和公共服务，国家知识产权局出台《关于开展知识产权维权援助工作的指导意见》，就开展知识产权维权援助工作提出明确要求，并指出要在全国成立一批知识产权维权援助中心，随着社会对知识产权公共服务的需求愈加旺盛和多元化，知识产权维权援助中心的数量不断增加，截至目前，国家知识产权局共批复建设 76 家知识产权维权援助中心，在创新型国家建设过程中发挥了重要的支撑作用。

2.2.4 丰富知识产权公共服务内容和产品供给

近年来，我国知识产权公共服务内容日益完备，知识产权公共服务产品供给不断丰富，形成了较为完备的服务内容和公共产品供给体系，包括知识产权信息供给和信息服务，知识产权公共服务平台和工具，知识产权咨询服务、业务指导和公益援助，知识产权信息分析利用项目以及知识产权宣传教育和人才培养等。

1. 信息供给和信息服务

各级知识产权管理部门和公共服务机构不断加大知识产权信息服务工作力度，形成了较为全面的知识产权信息供给和信息服务。丰富的知识产权信息内容和行之有效的信息供给与服务，是推动知识产权强国建设的关键要点。在当前重大科技不断突破和知识产权信息爆炸性增长的背景下，知识产权主体对于及时、有效、优质的知识产权信息需求愈发迫切。便捷高效的知识产权信息供给，深度专业的知识产权信息服务，是提升知识产权信息利用效率的重要保障。知识产权信息服务包括信息资源服务、信息检索服务、信息分析服务、数据库或知识产权信息服务系统及其他相关的知识产权信息服务，如知识产权基础数据开放、知识产权信息公开和查询、知识产权信息分析报告、知识产权文献提供服务、信息登记和备案服务、知识产权信息统计等。知识产权信息供给和信息服务是知识产权活动的基础，能够为知识产权各环节活动的有序开展提供必要的信息保障和支撑，为市场主体所从事的各类创新创业活动提供必要信息支持。

2. 公共服务平台和工具

知识产权公共服务平台和工具为知识产权公共服务体系提供信息化支撑，为线上线下服务的有机结合奠定基础，是各级知识产权管理部门和公共服务机构开展服务的重要途径。国家知识产权局统筹、加强国家知识产权公共服务平台建设，整合、优化、升级现有知识产权公共服务平台功能，促进实现知识产权业务服务、政务服务和信息服务平台一体化，提升知识产权公共服务效率和水平。国家知识产权局建设开发了新一代地方专利信息检索及分析系统、中国专利电子申请网、专利事务服务系统、中国及多国专利审查信息查询系统、中国商标网、地理标志产品保护统一申请电子受理平台等各类型多个服务平台，并通过国家知识产权公共服务网对各类平台资源进行了集成、整合，为创新主体和社会公众提供全链条服务平台支持。各省（区、市）也积极建设开发区域性、特色化知识产权公共服务平台，有效支撑当地知识产权公共服务工作，更好地满足区域创新和经济发展需求，例如，北京市知识产权信息公共服务平台、福建省“知创福建”知识产权公共服务平台、重庆“对手通”、江苏省专利信息检索分析云平台等，都在服务创新主体和地方经济方面发挥了重要作用。

3. 咨询服务、业务指导和公益援助

为进一步推动建设创新型国家，满足社会公众日益增长的知识产权公共服务需求，国家知识产权局和各级地方知识产权管理部门不断扩大知识产权公共服务范围，推动向广大申请人、权利人和社会公众提供优质的咨询服务、业务指导和公益援助。各级知识产权管理部门和知识产权公共服务机构通过电话咨询、现场咨询、网站咨询形式提供知识产权政策咨询、业务咨询、信息咨询等公共服务，服务内容涉及专利申请流程咨询、专利电子申请系统咨询、商标注册业务咨询、商标评审业务咨询、专利文献信息咨询、专利复审咨询等；同时，在知识产权申请、信息利用、布局运用、建立知识产权管理规范等各类知识产权活动中为创新主体等提供指导；推进开展知识产权维权援助工作，组织提供有关知识产权的法律法规、申请授权的程序与法律状态、纠纷处理和诉讼等方面咨询，推介服务机构等，为自然人、法人和其他组织就知识产权维权事务提供咨询服务或必要经费援助，在政府和知识产权权利人、社会公众之间搭建综合性维权援助服务平台。

4. 信息分析利用项目

国家知识产权局高度重视知识产权信息传播利用工作，不断加大知识产权信息分析利用服务供给，推广普及各类知识产权信息分析利用项目。目前的知识产权信息分析利用项目主要包括专利信息分析、专利预警、专利导航、知识产权分析评议、专利布局、专利专题数据库建设等。其中，专利信息分析是指对来自专利说明书、专利公报等中大量零碎的专利信息进行加工及组合，利用统计方法和分析技术使这些信息能够具有总揽全局及预测的功能，并提供给政府部门、市场主体和创新主体作为决策参考依据的服务。一般性的专利信息分析是其他各类知识产权信息分析利用项目的基础。专利预警是以专利信息分析为基础，系统地对重要的专利指标所蕴含的信息进行评价，从而判断出市场主体或创新主体可能或者将要面临的侵权风险，针对性地作出实时监控和预测报警并及时告知相关政府部门和企事业单位的服务。专利导航是以专利信息资源分析和利用为基础，把专利运用嵌入产业技术创新、产品创新、组织创新和商业模式创新，引导和支撑产业科学发展的探索性工作，主要目的是探索建立专利信息分析与产业运行决策深度融合、专利创造与产业创新能力高度匹配、专利布局对产业竞争地位保障有力、专利价值对产业运行效益支撑有效的工作机制，推动重点产业的专利协同运用，培育形成专利导航产业发展新模式。知识产权分析评议是指综合运用知识产权信息分析手段，对经济科技活动所涉及的知识产权，尤其是与技术相关的专利等知识产权的竞争态势进行综合分析，对活动中的知识产权风险、知识产权资产的品质价值及处置方式的合理性、技术创新的可行性等进行评估、评价、核查与论证，根据问题提出对策建议，为政府部门和企事业单位开展经济科技活动提供咨询参考。专利布局是指以核心专利为基础，通过综合产业、市场和法律等因素并结合技术发展路径与产品保护需要，围绕核心专利布局一系列外围专利，构建严密高效的专利保护网，有效保护核心专利以延长专利寿命的服务。专利专题数据库建设是以依托互联网或局域网建立的公共专利文献数据库为支撑，以特定技术领域专业特点和用户特色技术创新需求为导向，从海量的专利文献数据中进行筛选并深加工，形成包含某一特定技术领域内专利文献数据集合的服务，包括行业专利专题数据库建设和企业专利专题数据库建设，具有专利技术领域特点突出、覆盖范围小、专利数据集中全面、专利信息深加工程度高、检索高效便捷等优点，可以为政府部门和企事业单位的战略研究、科学决策提供有力支撑。各类知识产权信息分析利用项目有助于深入挖掘知识产权信息资源的内在价值，发挥知识产权对重点产业的支持与引导作用，支撑和保障创新驱动发展战略的深入实施。

5. 宣传教育、人才培养

各级知识产权管理部门高度重视知识产权宣传教育和人才培养工作，积极引导创新主体和社会公众提升知识产权意识和利用能力，为我国知识产权事业发展奠定了更加良好的人才基础。国家知识产权局不断加强人才培训计划和管理，提高培训效率和质量，积极推进知识产权人才分级分类建设，助推知识产权人才区域协调发展；聚焦强化知识产权创造、运用、保护、管理、服务各环节，以线上、线下方式开展各类公益培训；从政策制定、新闻宣传、活动组织等多个方面开展知识产权宣传教育，组织开展中国知识产权年会、中国国际商标品牌节等各类宣传交流活动。地方知识产权管理部门也广泛组织开展不同类型的知识产权培训，并探索通过知识产权专员、专利联络员等形式为企业培养知识产权人才，提升企业知识产权利用能力；通过专利检索比赛、专利分析比赛、知识产权论坛、沙龙等丰富多样的交流活动进行知识产权宣传教育，取得良好效果。

我国知识产权公共服务内容丰富多元，产品供给形式多样，对创新活动提供有力支撑。除了上述知识产权服务内容和服务产品外，国家知识产权局不断优化公共服务流程，拓展专利代办处、商标受理窗口等业务范围，开拓业务办理绿色通道，推动电话咨询“一号对外”“一站式”服务，不断提升知识产权公共服务质量和便利化水平。随着我国知识产权公共服务的深入开展，服务内容和产品供给愈加贴近创新主体与市场主体的知识产权需求，知识产权公共服务质量显著提升，服务效能不断提高，服务水平取得长足进步。

2.2.5　提高知识产权公共服务成效

2.2.5.1　加强知识产权工作宣传推广

国家知识产权局坚持把社会公众知识产权意识提升工作摆在突出位置，从政策制定、新闻宣传、活动组织、教育培训等多个方面开展了大量的工作，加强知识产权的宣传推广力度，取得丰硕成果。

一是加强顶层设计，培育知识产权文化。近年来，党中央、国务院陆续出台了《深入实施国家知识产权战略行动计划（2014—2020 年）》《国务院关于新形势下加快知识产权强国建设的若干意见》《“十三五”国家知识产权保护与运用规划》等一系列重要文件，将“培育知识产权文化”作为一项重要工作，提出要加强知识产权宣传，开展知识产权普及教育，提高全民知识产权意识。这不仅为知识产权意识提升工作提出了具体要求，也标志着我国将知识产权意识提升到国家战略的高度加以重视。

二是打造文化品牌，提升知识产权意识。自2009年起，每年4月20日至26日，国家知识产权局联合中央宣传部、教育部等19个部委共同组织举办“全国知识产权宣传周”活动，截至2019年，已经连续举办11年。2019年的宣传周活动期间，王勇国务委员出席启动仪式并致辞，WIPO总干事弗朗西斯·高锐先生也首次参加启动仪式。相关部门通过举行发布会、召开座谈会、发布典型案例等多种形式，邀请专家学者、创新主体、代理行业、中小学师生等社会各界代表参加活动，宣传知识产权事业发展最新进展。据不完全统计，宣传周活动期间，各地方组织开展知识产权相关宣传活动上万场次，覆盖人群数以亿计，在全国掀起了关注知识产权的舆论高潮。宣传周活动作为国家知识产权局精心打造的主题活动，已经成为极具影响力与关注度的知识产权活动品牌。此外，国家知识产权局每年还举办中国知识产权年会、中国专利奖评选等一系列特色鲜明、影响突出的知识产权主题活动，吸引社会各界广泛关注与深度参与。

三是完善工作格局，强化宣传报道效果。一方面加强新闻信息发布。自2017年起，国家知识产权局已建立并贯彻执行例行新闻发布制度，每年举办多场例行新闻发布活动，向社会公布知识产权重要工作情况与数据，同时根据工作需要，不定期举办新闻发布会、吹风会，及时回应社会公众关切，每场发布活动邀请40～50家中外媒体参与报道。2019年共举办新闻发布会11场，局领导出席6场，主动回答境内外媒体提问，回应社会公众关切。每年组织国内主流新闻媒体开展“知识产权竞争未来”主题采访活动，宣传报道各地在知识产权创造、保护、运用方面的典型案例，激发公众特别是创新主体运用知识产权的积极性、主动性。2019年围绕知识产权转化运用主题，组织中央主流媒体赴青岛、广州、厦门、福州开展主题采访活动，报道各地创新主体典型案例与先进经验，得到公众广泛好评。另一方面积极推动宣传平台建设。通过多年的发展建设，国家知识产权局已形成报纸、杂志等传统媒体与网站、微信、微博等新媒体相融合的“一报一网两微四刊”知识产权宣传平台体系，为社会公众获取资讯、查询信息、快速维权等提供便利途径。如图2－1所示，截至2019年底，国家知识产权局政务微信公众号关注人数超20万，同比增长62%；官方微博账号关注人数突破23万，得到社会各界广泛关注。此外，国家知识产权局积极与国内主流媒体开展深度合作，共同建设人民网知识产权频道、中国科技网知识产权频道等专业平台，科普知识产权知识，传播知识产权文化。

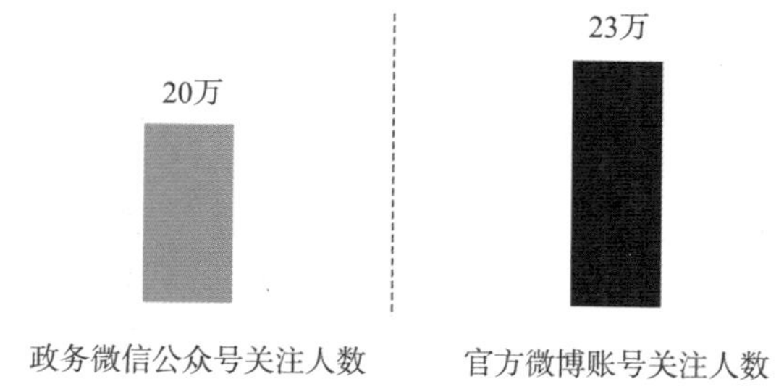

图 2－1　国家知识产权局新媒体宣传平台建设成效❶

四是加强面向青少年的知识产权教育培训，培育知识产权意识。为推动知识产权相关内容在基础教育阶段普及，培养中小学生从小形成“尊重知识，崇尚创新，诚信守法”的知识产权文化理念，并进一步形成“教育一个学生，影响一个家庭，带动整个社会”的良好局面，2015 年，国家知识产权局联合教育部启动全国中小学知识产权教育试点示范工作。如图 2－2 所示，截至 2019 年底，已共同评定 25 所首批全国知识产权教育示范学校，4 批共 140 所试点学校。全国已有 25 个省（区、市）开展省级试点示范工作，累计评定试点示范学校 1317 所，初步建立起一支具备知识产权专业素养的中小学知识产权专兼职教师队伍，近百万中小学生接受了系统的知识产权基础教育。加强知识产权师资队伍建设，累计培训中小学知识产权教师近 2200 人次。同时，国家知识产权局还支持有关部门编写出版《全国中小学知识产权教育示范读本（试用本）》等一批深受中小学师生欢迎的知识产权书籍，与世界知识产权组织编写中英文版的《青少年知识产权问答》。此外，为进一步促进知识产权教育在全国中小学的开展，提高中小学知识产权教学水平与经验交流，增强知识产权教师培训灵活性，国家知识产权局自 2019 年起依托中国知识产权远程教育平台，启动了建设中小学知识产权教育分站工作。分站于 2019 年 10 月上线试运行，已初步完成中小学知识产权教育分站的在线学习、教学管理、在线考试、证书发放等基础服务功能建设。目前，已上线专利、商标相关优秀教学示范课程 10 门，同时正在对世界知识产权组织中文远程课程“知识产权入门”（DL001）及“知识产权综合”（DL101）两门初级课程进行改造，改造完成后将上线推出。

❶ 图中柱形仅为示意图，以数据为准。下同。

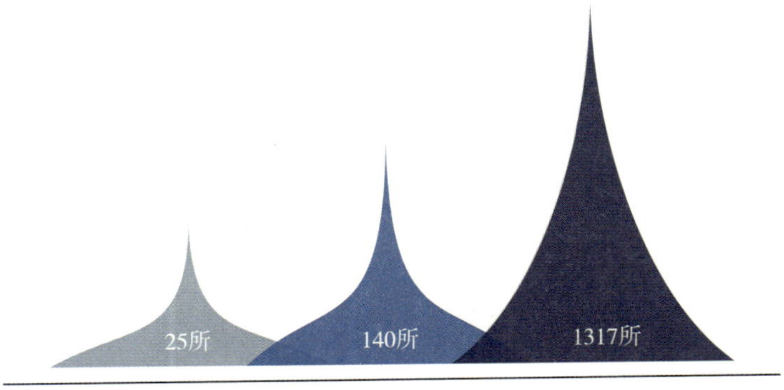

图2－2　全国知识产权教育示范学校分布图

五是加强外宣工作，树立良好国际形象。近年来，国家知识产权局高度重视知识产权对外宣传工作，提出了主动加强国际传播宣传策划、全面深化与境内外媒体的沟通协作、加快推进外宣窗口建设等7项重点工作任务。2019年，国家知识产权局与国务院新闻办公室合作组织策划“中外媒体走进国家知识产权局”活动，直观、真实、生动地向外媒呈现中国知识产权事业发展成就，收到良好的效果，日本共同社、日本经济新闻、韩国东亚日报等媒体对活动进行详细报道。协助中国国际电视台拍摄我国首部知识产权英文纪录片《中国专利》，于2019年11月底面向全球170余个国家（地区）同步播出，产生广泛而积极的国际影响。此外，国家知识产权局在举办新闻发布会以及重大活动期间，邀请境外媒体参与报道，并通过人民日报、中新社、新华社等媒体的“脸书”“推特”官方账号，向全球网民推送相关信息，吸引上亿人次浏览。中国知识产权故事在国际上广泛传播，中国良好的知识产权国际形象正在树立。

2.2.5.2　助力提升知识产权创造质量

2019年，国家知识产权局全面加强与知识产权创造相关的各类公共服务，创新服务机制，通过压缩知识产权审查周期、培育知识产权审查人才、促进知识产权业务办理便利化、降低企业知识产权申请相关资费、优化知识产权审查模式、注重社会反馈、推广知识产权教育宣传等工作举措，提升公共服务效能，助力提升知识产权创造质量。

1. 大幅压缩知识产权审查周期

为深入贯彻“放管服”改革，进一步压缩知识产权审查周期，提升知识产权审查效率，国家知识产权局紧密跟踪国家经济社会发展实际情况，充分响应新兴行业、新兴领域发展需求和社会公众诉求，持续完善知识产权审查制度，采取了一系积极举措：

一是加强审查员队伍建设，通过加强审查力量、审查队伍的建设，提高知识产权审查能力和审查水平。二是优化知识产权审查流程，进一步精简程序、提升审查效率，全面推动知识产权审查业务网络办理，借助现代技术手段提高文书送达率，以信息化手段推进优先审查程序的全程网办。三是不断完善审查质量保障体系，深入开展审查“双监督、双评价”，推动各级质量保障职责层层落实，以保证审查质量为首要目标，兼顾审查效率。四是大力推进压减高价值专利审查周期，优化审查领域配置，协调审查人力资源向高价值领域倾斜，优先压减周期。五是持续改进知识产权审查信息化系统，推进智能审查系统建设，实现知识产权审查工作电子化、网络化和智能化，推动审查效率提升。

通过采取各项有力措施压缩知识产权审查周期、提升知识产权审查效率，我国知识产权审查工作改革成效显著。商标注册平均审查周期从 2018 年的 6 个月缩短到 2019 年的 4.5 个月，高价值专利审查周期 2019 年底压缩至 17.3 个月。整体来看，商标注册平均审查周期和高价值专利审查周期明显缩短，审查效率不断提高。

2. 持续提升知识产权业务办理便利化水平

为进一步优化知识产权服务，全面提高知识产权服务水平，着力提升知识产权业务服务便利度，国家知识产权局坚持对照法律法规要求，在保证信息充分、权属关系明确的前提下，通过以下各项举措对现有各类业务文书进行简化，实现知识产权业务办理便利化。

一是探索开展知识产权业务办理“告知承诺制”；在符合法律和行政法规要求的前提下，减少需要业务办理人参与的各项手续和提供的申请材料，对确需市场主体补正有关材料、手续的，一次性告知需要补正的内容。二是推行证明材料清单制；明确公示各类业务办理需提交的证明材料，对同一申请人此前已提供过的证明材料尽量不要求申请人重复提交。三是要求业务办理窗口、办事人员严格执行有关法律、规章的规定；保证在任何情况下不减损行政相对人权利或增加行政相对人义务。四是研究制定各类知识产权业务批量办理的简化流程及降费措施；逐步推动实现各类证明文件、文书以电子化方式向当事人提供。五是完善知识产权工作“好差评”制度建设；整合现有知识产权社会满意度年度调查和专利审查质量用户满意度调查，建立覆盖商标、专利、地理标志、集成电路布图设计的全业务统一知识产权满意度调查制度，提升调查工作效率。

国家知识产权局同时致力于实现商标、专利、地理标志、集成电路布图设计等知识产权业务统一网上办理、全程网上办理。通过推进“互联网＋政务服务”，全面实现专利申请和商标注册电子化，着力推动各项业务“一网通办”、综合受理，各类业务“只进一扇门、最多跑一次”；扩大网上事务办理业务事项，推动专利质押登记和合同许可备案业务电子化办理。专利、商标网上申请比例分别达到98%和94%。截至2019年底，中国专利电子申请网运行稳定，上线以来总访问量超3.5亿次；2019年网站对在线咨询功能进行了相关升级改造，使在线咨询更加规范化，提高了答疑效率。专利事务服务系统方便申请人、专利权利人、代理机构、社会公众在线办理专利事务业务，包括司法查控、费减备案、文件副本和证明文件、文档查阅复制、文件备案等业务。商标文件电子送达系统以电子送达方式向用户发送商标电子文书，同时对用户进行邮件、短信两种提示；至今已发送超过3338万件商标电子文书，节约了数千万的商标文件打印费用和邮寄费用，极大地缩短了文件送达时间，同时也避免了企业注册地址与办公地址不一致而邮寄丢失导致的商标权利丧失问题，有效保障了商标申请人的权益。2018年11月，商标注册证明公示系统正式上线运行，社会公众可使用手机扫描商标注册证上印有的二维码，直接跳转至相应商标证明公示界面，以方便鉴别该商标证明的真伪。

目前，国家知识产权局已累计在全国设立212个商标受理窗口、103个商标质押登记受理点、34个专利代办处，方便申请人就近办理业务；推动拓展各业务受理大厅、商标受理窗口、专利代办处、知识产权保护中心业务范围，推进各业务窗口受理全类型知识产权业务申请；不断推进商标受理窗口建设，着力建设“互联网＋”商标服务体系，逐步实现网上服务系统窗口全覆盖及线上线下同步“一站式”商标公共服务模式。商标受理窗口业务范围由商标注册申请受理一项扩展至撤回、续展、变更、转让、许可备案、马德里商标国际注册申请受理等24项。

此外，国家知识产权局还通过推动商标审查协作中心开展免费商标查询服务、专利审查协作中心设立知识产权服务大厅来提升知识产权业务办理便利化水平；在湖南、四川等13个省市开展知识产权军民融合试点，下放国防专利申请受理、许可备案和转让审批等事项。

3. 进一步降低企业知识产权申请相关资费

为进一步降低企业知识产权申请相关资费，国家知识产权局推进落实新一轮专利降费政策：一是在专利费用的征收项目上作出删减，停征专利登记费、公告印刷费、著录事项变更费、传送费等 4 项收费，减少申请专利所需的费用；二是延长专利年费减缴期限，由授权后 6 年延长至 10 年；三是增加发明专利申请实质审查费退费规则，在第一次审查意见答复期限届满前主动撤回未经答复的发明专利申请，可以请求退还 50% 的实质审查费。

2019 年 4 月 3 日，国务院总理李克强主持召开国务院常务会议，会议研究决定从 2019 年 7 月 1 日起，扩大减缴专利申请费、年费等的范围，持续为群众减负，同时继续优化商标业务收费结构，推行电子申请收费优惠，降低商标变更、续展等后续业务的申请费，对电子申请办理商标变更免费。

对于符合政策的企业而言，知识产权申请和持有的相关费用进一步降低，有助于促进企业科技创新和转型。在新的发展历史时期，调整知识产权费减资格，降低知识产权申请资费，也将对激励市场、推动“中国制造”向“中国智造”转型起到显著的促进作用。

4. 不断优化多种审查模式，满足社会公众服务需求

为更好地满足申请人对审查周期的多样化需求，国家知识产权局综合运用优先审查、巡回审查、集中审查、延迟审查等多种审查模式，为创新主体做好审查服务。一是扩大优先审查规模，助力国家重点发展产业以及部分技术产品更新迭代快的前沿热点领域申请实现快速审查。2019 年，共对 4.1 万件专利申请开展了优先审查工作。二是 2019 年 8 月印发实施《专利申请集中审查管理办法（试行）》，通过集中审查，对内提升专利审查质量和效率，对外促进重点产业培育核心专利、加快专利布局。2019 年共对符合该办法规定的 3 批 328 件申请开展集中审查。三是针对重要申请开展巡回审查，通过面对面的交流，既让申请人清晰地阐述技术构思、准确把握专利授权标准，又让审查员更明确当事人的诉求和专利技术情况，提高了专利审查质量和专利审查效率。四是建立延迟审查制度，为申请人提供更多的审查模式选择，使专利审查与创新主体的市场化动作相协调、相匹配。

5. 建立完善沟通机制，注重社会反馈

国家知识产权局推动建立专利审查与专利代理、创新主体长效沟通机制。一是召开交流座谈会，收集和听取专利代理机构、创新主体对专利审查，尤其是审

查标准、审查质量、审查效率、审查流程与服务等方面有关工作的意见建议。二是开展业务交流培训，分领域派遣专利审查专家与专利代理师进行点对点业务交流，达到互促共进的效果。三是及时研究解决专利代理机构、创新主体关注的突出问题，适时将反馈问题纳入审查质量保障体系和业务指导体系，持续改进自身工作。四是有效传递审查政策、理念和导向，宣传有关办事流程和工作动态，确保各类政策信息沟通渠道畅通无阻。

同时，国家知识产权局充分发挥专利审查评议平台作用。专利审查质量评议平台自 2011 年设立以来，持续受到社会公众的关注，是国家知识产权局面向广大用户收集审查质量相关意见建议的开放平台。2017 ~2019 年，国家知识产权局通过平台收集各类意见数量分别为 3702 件、5705 件、3750 件，并在短时间内对相关意见进行分类整理，查找问题，及时反馈用户，回应社会关切。专利审查评议平台的建设为国家知识产权局完善审查质量保障体系、持续提高专利审查质量提供了丰富的参考依据。

6. 持续推进政策宣讲及业务培训，强化政策服务

2019 年，为了全面加强知识产权创造相关公共服务，国家知识产权局积极举办专利审查指南修改宣讲，开展类型多样的专利电子申请推广培训，强化新增设保护中心的基础业务能力，扩展审查业务国际合作成果推广培训范围，多措并举强化成果推广。

一是积极举办专利审查指南修改宣讲。及时梳理撰写专利审查指南修改解读材料，运用国家知识产权局官网、官微等互联网媒介加大宣传力度；举办专场宣讲会，在不同地区，通过专利代理师培训班、公益讲座等多种方式进行指南修改内容的宣讲。其中，2019 年在专利代理师培训班宣讲指南修改草案 8 次，举办大型宣讲会 2 次，在其他培训平台宣讲 5 次。及时准确的宣讲活动，使创新主体充分理解了修改背景和修改内容，有助于其提高申请质量和快速获权。

二是全面开展专利电子申请推广及培训。举办类型多样的专项培训，包括专利电子申请提交、PCT 国际申请电子提交、专利受理及初审流程、网上缴费、费减备案等各项业务；依托地方知识产权局及各专利代办处，组织开展业务指导、用户座谈、企业走访等多项宣传推介活动。据统计，2019 年我国专利电子申请率达 97.9%，较 2018 年的 97.4% 和 2017 年的 96.4% 稳中有升，专利代理机构电子申请率达 99.98%，PCT 国际阶段电子申请率达到 99.6%，电子申请推广工作成效显著。此外，2019 年新增电子申请注册用户 34.8 万户，截至 2019 年底电子

申请注册用户累积达到 132 万户，如图 2－3 所示。

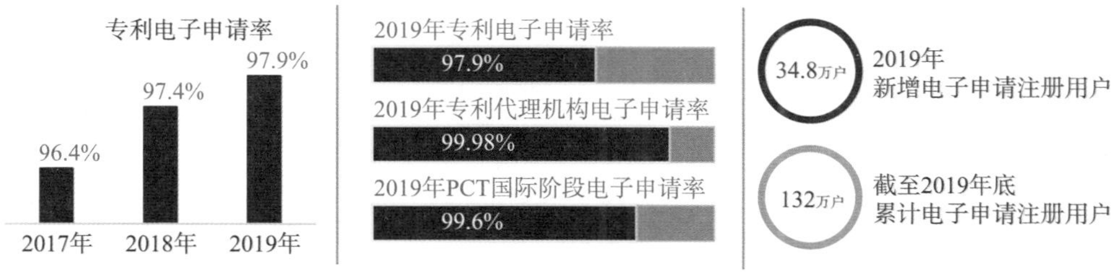

图 2－3　全面开展专利电子申请推广及培训

三是推进知识产权保护中心建设，提升基础业务能力。推进新增保护中心筹建工作，配置管理保护中心机构代码和系统账号，梳理设计业务审批流程，优化升级专利审查系统；结合各保护中心批复的业务领域，开展了专利 IPC 分类确定、备案企业审核、审查资源调配以及基础业务能力提升培训等工作。2019 年共组织开展了 5 次业务培训，培训人员 600 余名，有效提升了各保护中心的预审及服务质量。

四是持续开展专利审查高速路（PPH）及审查业务国际项目成果推广培训活动。根据审查业务政策及国际合作最新进展，通过培训活动提升我国用户对专利审查高速路及其他审查业务国际合作项目的运用水平，将有助于促进我国专利申请人的海外申请高效获权的相关审查业务政策及申请人驱动型工作共享类合作项目进行了“打包”培训，助力用户海外申请获权；扩展审查业务国际项目成果推广的培训范围，针对申请人关心的美欧日韩专利申请及审查流程、美欧日韩加快审查程序、美欧日韩四局网站利用以及审查国际合作热点项目等进行深入剖析。在相关工作的大力推广和培训下，我国申请人向外提出 PPH 请求的数量逐年增加，对审查业务国际合作项目的利用不断增强，有力促进了通过审查业务国际合作助力企业海外获权这一目标的实现。2017～2019 年，国家知识产权局共举办 10 次 PPH 项目和审查业务国际项目成果推广培训班。来自各地的企业知识产权管理人员和技术研发骨干、知识产权服务机构从业人员、大专院校及科研院所知识产权管理人员 910 余人参加培训。

2.2.5.3　支撑强化知识产权保护

加强知识产权保护相关公共服务是实现知识产权“全链条”服务的重要环节。2019 年，国家知识产权局有序推进知识产权快速协同保护、知识产权维权援助、企业知识产权海外纠纷应对指导和知识产权保护培训宣传等多项工作，通过完善顶层设计、提升预审服务质量效率、提升服务区域能力、探索特色维权援助模式、开展“一对一”“一条线”服务和强化中心服务力量等措施，实现我国知识产权保护水平稳步提升。

1. 提供快速协同保护

国家知识产权局深入贯彻党中央、国务院关于加强知识产权保护的决策部署，指导各地有序推进知识产权快速协同保护工作，通过与地方共同建设知识产权保护中心和快速维权中心，面向省（区、市）的优势产业和区、县的快销商品产业，为辖区内企事业单位提供集快速授权、快速确权、快速维权为一体的知识产权“一站式”综合服务，解决知识产权维权举证难、周期长、成本高等问题，取得积极成效。

一是顶层设计不断完善。2019 年国家知识产权局制定出台《关于进一步加强知识产权保护中心建设的总体思路》以及《关于进一步加强知识产权保护中心建设工作的分工方案》，明确知识产权保护中心的建设和发展方向，要求将保护中心的工作与当地优势、特色产业相结合，与国家重大战略对接，与知识产权重点项目、重点工作对接，与地方知识产权执法工作、保护体系建设相结合。为提升保护中心业务能力，组织开展年度绩效考核，组织举办专利预审业务竞赛和快速维权案例模拟演示等活动，同时开展管理制度规范、业务培训大纲、预审质量保障体系等规章文件的制定。截至 2019 年底，国家知识产权局已批复建成 26 家知识产权保护中心以及 20 家快速维权中心，面向新一代信息技术、高端装备制造、新能源、生物医药等 17 个重点高新技术产业以及灯饰、家纺、家电等 20 个传统快消品产业，开展集知识产权快速审查、快速确权、快速维权于一体的“一站式”综合服务，如图 2－4 所示。

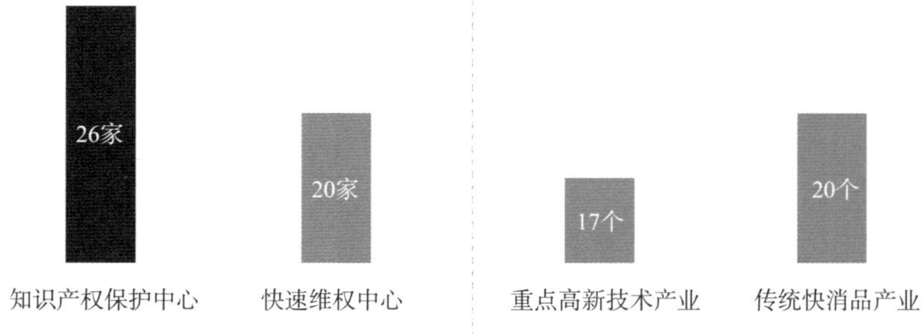

图 2－4　知识产权保护中心顶层设计示意图

二是预审服务质量效率双提升。各中心围绕强化制度建设、优化业务流程、提升审查能力等措施稳步提高预审专利授权率、压减授权周期。四川保护中心成立专利预审委员会，制定预审业务管理办法；北京保护中心组织开展专利技术检索大赛；长沙保护中心上线预审管理平台电子申请系统；常州、烟台、滨海新区等保护中心组织开展业务培训，提升专利预审能力和水平。据统计，2019年全年，保护中心、快速维权中心共办理专利预审请求2.2万余件。经过保护中心预审的发明、实用新型、外观设计专利授权率均高于平均水平，全流程缩短审查周期，发明专利授权周期在3个月内，实用新型在1个月内，外观设计不超过10天。

三是快速维权优势初显。各中心积极协调地方资源，开展跨部门协作，打通知识产权快速维权便利渠道。四川保护中心与当地法院建立合作机制，设立巡回审理点；佛山保护中心联合中国人民财产保险公司推出专利侵权损失保险，探索"调解+保险"解决专利纠纷新办法；中山快速维权中心等协同当地知识产权管理部门进驻展会，提供展会知识产权咨询与纠纷调处服务；深圳保护中心、汕头快速维权中心等通过聘任知识产权纠纷人民调解员、引入知识产权侵权技术鉴定机构服务窗口、共建流动仲裁庭等方式积极开展知识产权纠纷多元化解工作。如图2-5所示，2019年，各保护中心协助执法办案近1.4万件，其中，侵权纠纷案件占比85.7%。专利侵权纠纷平均结案周期7天，最快1天，有效解决创新主体维权周期长的问题。

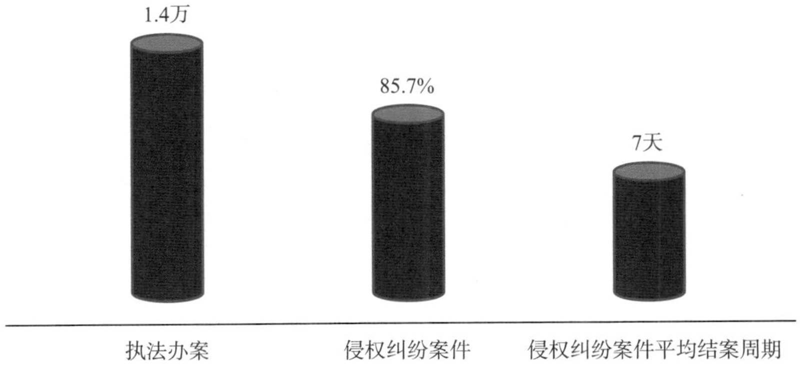

图2-5　知识产权快速维权服务效果图

四是服务区域能力持续提升。各中心深挖创新主体需求，搭建资源对接平台，深化服务内涵，拓展服务范围，提升服务质量。广东保护中心承办2019年粤港澳大湾区知识产权交易博览会，促成知识产权合作意向金101.47亿元，实现专利和商标交易金额14.86亿元；南京、南昌、东营等保护中心开展专利导航项目，为优化政策、布局产业提供数据支撑；义乌快速维权中心与当地商标受理窗口、小商品版权保护中心合并办公，为市场主体提供快捷便利的知识产权服务。各中心还通过举办政策宣讲、专题培训、庭审旁听等活动，进一步提升创新主体知识产权保护意识和保护能力。

2\. 提供知识产权维权援助服务

近年来，国家知识产权局积极推动在全国开展知识产权维权援助工作，指导地方为自然人、法人和其他组织就知识产权维权事务提供咨询服务或必要经费援助。截至目前，国家知识产权局共批复建设 76 家知识产权维权援助中心，指导地方加强维权援助分中心、工作站建设，目前全国各地已建设 918 家维权援助分中心和工作站，覆盖全国大部分地区，在政府和知识产权权利人、社会公众之间搭建了一个综合性的维权援助服务平台，有效打通了知识产权保护服务渠道，促进了知识产权保护的跨区域、跨部门协作。

一是不断加强顶层设计。新实施的行政法规《优化营商环境条例》中明确要求健全知识产权维权援助机制。2019 年国家知识产权局针对地方维权援助中心机构改革隶属关系和职能发生转变的情况开展摸底调研，召开全国知识产权维权援助工作座谈会，启动知识产权维权援助热线 12330 和维权援助网升级改造，配合国家市场监督管理总局将维权援助工作中的部分举报投诉业务进行整合。

二是各地积极探索特色维权援助模式。北京、天津、河北落实京津冀协同发展战略，整合三地优质服务资源，逐步完善“一站式、一体化、一条龙”的知识产权保护联动服务机制；河北、辽宁、山西、吉林等制定机构改革后的加强知识产权维权援助的规范性文件；浙江建立健全品牌指导站；黑龙江、山东、广西等地建立重点企业知识产权保护机制；福建“知创福建”公共服务平台以一站式保护和维权援助服务支撑产业创新发展；宁波推出“商标保险 + 维权 + 服务”创新举措；青岛加快维权援助分支机构建设和能力提升。通过各地实践，知识产权准权援助工作直接服务于创新主体，有力促进了知识产权保护体系建设，并不断丰富完善。

3\. 提供企业知识产权海外维权与纠纷应对指导服务

2019 年 7 月，国家知识产权局会同中国国际贸易促进委员会（以下简称“中国贸促会”），依托中国知识产权研究会成立了国家海外知识产权纠纷应对指导中心（以下简称“中心”），并推动中国知识产权研究会、知识产权出版社、知识产权报社、中华全国专利代理人协会、中国专利保护协会、中华商标协会、中国贸促会知识产权服务中心、中国贸促会专利商标事务所、中国专利代理（香港）有限公司等 9 家单位联合组建海外知识产权纠纷应对指导理事会，积极构建企业海外知识产权纠纷应对协调解决机制，拓宽国家层面海外知识产权纠纷信息收集和发布渠道，为“走出去”企业保驾护航。自成立以来，理事会主要开展如下方面工作：

一是开展“一对一”指导，助力化解纠纷。2019 年 9 月，指导中心启动受理海外知识产权纠纷应对指导申请，截至目前已经处理各类咨询案件和指导案件共计 46 件，涉及机械、医疗、半导体、智能设备、汽车、化工、日用品、玩具等多个行业领域，为申请企业提供“一对一”指导服务并全部妥善解决有关问题。

二是开展“一对多”预警，助力防范风险。针对中国企业遭遇“337 调查”频率较高这一问题，指导中心建立美国“337 调查”信息跟踪和发布机制。目前，已向 5 起案件中涉及的 32 家中国企业及时送达海外知识产权纠纷应对告知书，帮助它们第一时间了解案情信息、程序规则和应对策略，并向高危对象发布预警信息。

三是开展“一条线”服务，护航海外参展。以 2019 年德国杜塞尔多夫国际医院及医疗设备展览会为试点，在展会前编制发布知识产权维权工作指南，面向组展单位和参展企业开展培训，切实提高参展主体的知识产权保护意识；展会期间派员赴现场提供知识产权法律咨询服务，收到各类知识产权问题咨询 11 件，协助企业妥善解决纠纷；展会结束后总结有关问题和经验并进行普及推广，探索出一套有效风险防范和维权援助机制。

四是多点强化指导中心服务力量，提高基础能力。面向全球公开召集海外知识产权纠纷应对指导专家，择优遴选出来自 15 个国家（地区）的 100 余位专家，汇聚专业智慧资源并加以充分利用。在北京、天津、深圳等地面向 300 余家企事业单位开展海外知识产权纠纷应对专题培训。

4. 做好知识产权保护培训、宣传交流

围绕实施国家知识产权战略的目标和要求，国家知识产权局根据知识产权工作发展的国际和国内态势，充分利用国内各种宣传培训资源，加大知识产权保护宣传力度，促进全社会创新意识和创新能力的提高，努力营造尊重知识创造、鼓励创新创业、保护知识产权的良好社会氛围。

2019 年 12 月，国家知识产权局举办以“提高经济竞争力　知识产权保护在行动”为主题的全国知识产权保护交流推广活动（江苏站），面向社会宣讲中共中央办公厅、国务院办公厅印发的《关于强化知识产权保护的意见》，近距离为创新主体提供专利、商标、集成电路布图设计确权巡回审查和行政裁决等服务，同时，深度提供海外知识产权信息和能力提升培训，多层次开展专题研讨和内外资企业座谈交流。活动的举办有利于营造良好营商环境，激发社会创新活力，进一步增强企业竞争力，助推经济高质量发展。

2.2.5.4　加快知识产权专业人才培养

知识产权人才是我国实施知识产权战略的重要力量和保障。在经济、贸易、科技全球化背景下，提高自主创新能力，深化体制改革，建立公平、有序的竞争秩序，全面推进知识产权强国建设，离不开大批高素质的知识产权人才。2019 年，国家知识产权局通过完善人才工作的顶层设计、开展知识产权人才培训、规范知识产权人才培训管理、构建四层级知识产权人才队伍体系、培养区域知识产权人才等工作举措，不断优化我国知识产权事业的人才工作，加快扩大知识产权专业人才队伍。

1. 加强知识产权人才工作顶层设计

国家知识产权局积极推动落实《中共中央关于深化人才发展体制机制改革的意见》《国家中长期人才发展规划纲要（2010—2020 年）》《“十三五”国家知识产权保护和运用规划》等政策文件关于知识产权人才工作的部署；认真落实中央人才工作协调小组工作任务，针对人才重大政策等研提具体意见建议；统筹全局知识产权人才工作，制定《落实〈知识产权人才“十三五”规划〉2019 年度工作计划》，局内 14 个部门对照 25 个大项工作任务，按照工作计划扎实推进。制定《知识产权人才“十四五”规划》编制工作方案，成立知识产权人才“十四五”规划编制工作组，开展知识产权人才规划研究；举办全国知识产权人才工作会议，全面研究机构改革后全国知识产权人才工作。

2. 深入开展知识产权人才培训

国家知识产权局紧紧围绕国家战略和人才需求，聚焦强化知识产权创造、运用、保护等各个环节，委托国家知识产权培训基地等单位，深入开展知识产权人才培训。制定印发《2019 年全国知识产权人才专业能力提升培训计划》，如图 2－6 所示，共举办培训班 190 余期，培训 1.5 万余人次，涵盖知识产权强国建设领导干部能力建设培训项目、知识产权提质增效工程系列培训项目、知识产权保护培训项目、急需紧缺人才培训项目等。

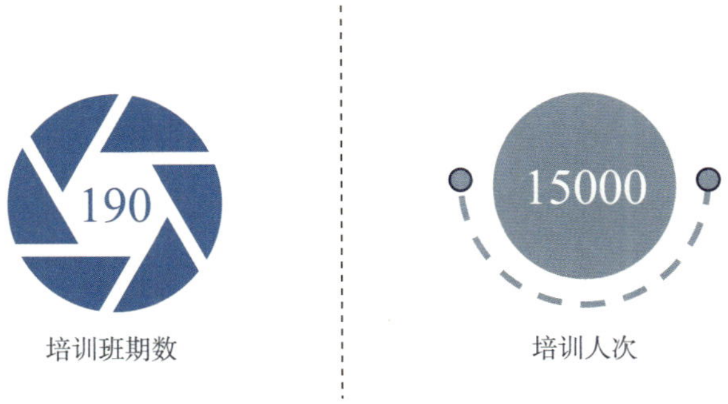

图 2－6　2019 年全国知识产权人才专业能力提升培训

国家知识产权局坚持急需先培，重点培训知识产权强国建设急需紧缺的运营人才、专利信息分析人才和国际化人才等；全面加强地方行政管理人员队伍建设，印发《国家知识产权局办公室关于组织开展“新时代聚焦新职责　新培训促进新融合”地方知识产权行政管理人员轮训工作的通知》，制定培训指导大纲，全面开展地方行政管理人员的轮训工作，全年举办 10 期轮训班，全面提升地方行政管理人员能力素质。

3. 完善知识产权人才培训管理

国家知识产权局高度重视知识产权人才培养和培训基地工作，积极发挥统筹管理作用，不断完善培训基地总体发展规划和管理政策。起草制定《全国知识产权培训工作管理办法（修订）》，进一步规范全国知识产权培训工作，加强计划和管理，提高培训效率和质量。以党政领导干部、急需紧缺人才为重点，广泛深入地开展知识产权培训工作。举办国家知识产权培训基地研讨班。组织编写《国家知识产权培训基地交流讯息》。

4. 积极推进知识产权人才分级分类建设

国家知识产权局围绕知识产权中心工作，构建领军人才、高层次人才、骨干人才、基础人才的四层级知识产权人才队伍体系，系统规划和完善高层次人才成长路径，引导和带动知识产权相关领域和类别的人才队伍成长。加强知识产权行政管理和执法人才、企业知识产权人才、知识产权服务业人才、高校及科研机构知识产权人才建设，形成结构合理的知识产权人才培养体系。积极倡导知识产权领军人才发挥引领与示范作用，组织实施知识产权高层次人才引领计划，进一步提高人才队伍建设的针对性和实效性。多次组织举办领军人才全国巡讲。

5. 助推知识产权人才区域协调发展

国家知识产权局将支撑知识产权强国建设作为知识产权人才工作的根本出发点和着力点，紧密围绕“一带一路”建设、粤港澳大湾区建设、京津冀协同发展、东北老工业基地振兴等国家重大项目，充分发挥知识产权高端人才的引领作用，服务重点领域和重点区域科技经济发展。2019 年，举办面向粤港澳大湾区的知识产权保护人才培训项目，培养广东地区知识产权高层次和急需紧缺人才。支持国家知识产权培训（广东）基地举办知识产权国际化人才、知识产权运营、专利导航等培训班。举办振兴东北老工业基地知识产权保护专题培训班，培训东北老工业基地科研人员及知识权管理人员等。组织全国知识产权专家服务基层活动，范围覆盖京津冀、长江经济带、东北振兴和西部开发等区域以及“一带一路”参与城市。

2.3 强化知识产权信息公共服务

知识产权信息公共服务是知识产权公共服务的基础和重要组成部分，加强知识产权信息公共服务是为实现打通知识产权“全链条”提供信息支撑和服务保障。2019 年，国家知识产权局正式出台知识产权信息公共服务政策，完成知识产权信息公共服务体系顶层设计，强化知识产权公共服务支撑，加强知识产权信息公共服务工作指导，多维度、多举措提升知识产权信息公共服务的质量与效能。

2.3.1 圆满完成知识产权信息公共服务体系顶层设计

知识产权信息是知识产权创造的源泉，是重要的战略性知识产权资源，是知识产权公共服务开展的重要支撑，健全的知识产权信息公共服务体系是知识产权公共服务的核心与保障。加强知识产权信息公共服务体系的顶层设计，对提升知识产权公共服务水平、打通知识产权全链条、提高知识产权信息传播利用效能，具有至关重要的作用。

1. 加快建设知识产权信息公共服务体系的重要意义

我国的知识产权信息公共服务体系经过多年的探索发展，已经具备了一定基础，在专利信息公共服务体系建设、服务系统和平台开发、数据开放、注册申请便利化等方面，为我国企业技术创新和知识产权战略的实施提供了必要的服务支撑。但是，在我国经济与世界经济日益融合发展、创新型国家建设步伐不断加快、社会公众和创新创业主体知识产权意识和服务需求不断提高的新形势下，我国知识产权信息公共服务工作所面临的新矛盾也越发突出。一是经济高质量发展的迫切需求与知识产权信息公共服务支撑不足之间的矛盾日益突出；二是创新创业的普遍需求与知识产权信息公共服务体系不够健全之间的矛盾仍需重视；三是创新创业主体对知识产权信息公共服务的日益旺盛、多样化、差异化需求与知识产权信息公共服务能力不足之间的矛盾不断加深；四是具有国际竞争力的大型企业对高端知识产权信息公共服务的现实需求与高端知识产权信息公共服务机构稀缺之间的矛盾尚待解决。加快建设知识产权信息公共服务体系有助于更加妥善地处理上述矛盾，持续强化知识产权信息公共服务能力，面向创新主体和市场主体的基本需求提供基础的、必要的、均等化的知识产权信息公共服务，对于推进知识产权事业的高质量发展、建设知识产权强国，具有十分重要的积极意义。

首先，加快建设知识产权信息公共服务体系有助于提升知识产权公共服务水平。知识产权信息资源是开展知识产权公共服务的重要前提，以知识产权信息加工、共享、传播和利用为重点的知识产权信息公共服务，为知识产权公共服务的有序开展提供了必要支撑和关键指引。健全便利的服务体系能够促进知识产权信息公共服务的全面深入开展，充分保障知识产权公共服务所需的知识产权信息资源供给，推动实现知识产权公共服务的一体化和系统化，拓宽知识产权公共服务渠道和领域，丰富知识产权公共服务内容，进而不断提高知识产权公共服务的整体能力与水平。

其次，加快建设知识产权信息公共服务体系有助于打通知识产权全链条。知识产权信息作为知识产权创造的重要源泉、知识产权保护的重要依据、知识产权运用的重要基础、知识产权管理的重要条件和知识产权公共服务的根本前提，是加快我国知识产权事业发展的战略性资源。知识产权信息的互联互通是打通知识产权全链条的关键所在。建立健全知识产权信息公共服务体系，能够为促进知识产权信息在知识产权全链条中的协同共享提供更加有效的依托机制和保障体系，有利于打破知识产权各环节之间存在的“信息孤岛”和“数据烟囱”，解决知识产权信息资源碎片化、分散化的问题，充分发挥知识产权信息在知识产权全链条中的基础性与权威性作用，打造高效率的知识产权创造、运用、保护、管理和服务工作新格局。

再次，加快建设知识产权信息公共服务体系有助于提升知识产权信息传播利用效能。扩大知识产权信息的传播利用水平是知识产权信息公共服务的首要目的，增强创新主体和市场主体对知识产权信息的利用能力是知识产权信息公共服务的关键所在。加快知识产权信息公共服务体系建设，加强对知识产权信息公共服务机构的分级分类指导，能够引导服务机构主动创新知识产权信息公共服务方式，不断提升知识产权信息公共服务水平，充分帮助创新主体和市场主体加强对知识产权信息的利用，进而加快各类知识产权创新成果的转化，助力创新驱动发展战略的实施，促进经济增长动能的转换并实现高质量发展。

因此，2019 年国家知识产权局以我国社会公众和创新创业主体对于知识产权信息的现实需求为中心，以知识产权信息公共服务关键问题为导向，着力加强知识产权信息公共服务的顶层设计，制定印发《关于新形势下加快建设知识产权信息公共服务体系的若干意见》，明确了加强知识产权信息公共服务工作的路线图和整体目标，从指导思想、基本原则、总体目标、体系搭建、支撑保障、组织实施等方面对知识产权信息公共服务体系进行了构建和完善。意见既立足现状，又谋划未来，着重处理好继承与发展的关系，公共服务与市场化服务边界与协调的关系，线下知识产权服务网点建设与线上信息化支撑保障的关系，大数据中心和公共服务平台建设统与分、特色与共享的关系，同时也明确了体系建设的发力点和重要抓手。意见将有力推动知识产权信息公共服务工作，对促进知识产权事业高质量发展、加快经济转型升级，具有重要的基础支撑作用。

2. 知识产权信息公共服务体系构建思路和构成框架

我国知识产权信息公共服务体系构建的整体工作思路，是以推进政府职能转变和“放管服”改革为主线，以推动知识产权信息服务便利化、集约化、高效化为目标，以构建“一中心一平台一体系”为抓手，以建设国家知识产权大数据中心和公共服务平台为切入点，从顶层设计上织好、织密公共服务网，做到“全链条”服务和服务“全链条”，夯实服务知识产权全链条的基础。

根据《关于新形势下加快建设知识产权信息公共服务体系的若干意见》，我国的知识产权信息公共服务体系由各级知识产权管理部门所属的国家或区域专业性知识产权信息公共服务节点所组成的主干网络，以及由高校、科研院所、图书情报机构、行业组织等社会化信息公共服务网点共同组成。当前，我国正致力于依托国家、省市知识产权系统主干网络，辐射各层各类社会知识产权信息公共服务网点，构建立体化、多层级的知识产权信息公共服务体系❶，如图 2－7 所示。

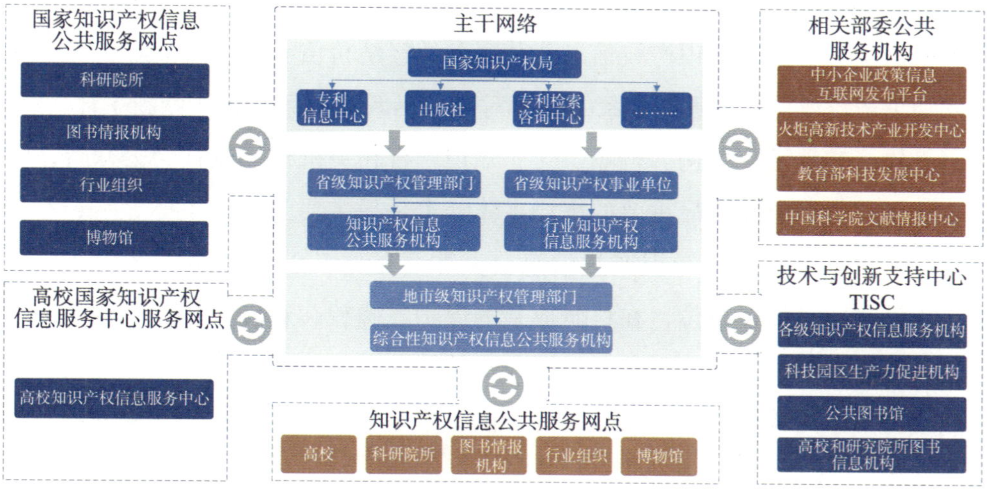

图 2－7　知识产权信息公共服务体系框架

主干网络是全国知识产权信息公共服务体系的基础和支撑，是体系建设的重点。知识产权信息公共服务体系的主干网络服务节点主要指各级知识产权管理部门所属的知识产权信息公共服务机构，负责面向所在区域提供基础性、系统性、权威性知识产权信息公共服务，辐射支撑区域内服务网点，包括面向各级政府、社会公众、其他类型服务机构和创新主体提供知识产权信息资源和基础性服务，宣传知识产权信息公共服务相关政策，通过培训、咨询等服务提升创新主体知识产权信息利用的意识和能力，积极开展知识产权信息传播利用相关工作。在条件具备的情况下，主干网络服务节点可以免费或者低成本向创新用户提供特色化、个性化信息服务产品。

知识产权信息公共服务网点是由知识产权系统之外的高校、科研院所、图情机构、行业组织等相关社会化知识产权信息公共服务机构以及提供知识产权公益服务的市场化服务机构组成。服务网点联接依托和补充主干网络，有助于强化知识产权信息公共服务供给。布局合理、服务能力强的网点是主干网络与创新创业主体之间的中介和桥梁，也是公共服务终端，是打通知识产权信息公共服务“最后一公里”的重要抓手。服务网点面向特定领域或特定行业提供基础性知识产权信息公共服务和个性化、定制化服务产品，由于贴近所在领域和行业的需求主

❶ 国家知识产权局.《关于新形势下加快建设知识产权信息公共服务体系的若干意见》解读［EB/OL］.［2019－09－17］. http：//www.gov.cn/zhengce/2019－09/17/content_5430569.htm.

体，服务更具有针对性。知识产权信息公共服务网点有助于扩展信息公共服务体系的横向服务面，推动知识产权信息服务与教育、知识、文化传播、产业经济发展等紧密结合，提升知识产权信息公共服务的经济价值和社会价值。

知识产权信息公共服务体系的服务对象包括政府部门、企业创新主体、高校/科研机构、转移转化机构、行业协会、知识产权相关机构以及社会公众等多种需求主体。其中，企业是最重要的市场主体，也是最主要的创新主体之一，与知识产权联系最为紧密，是知识产权信息公共服务的最广泛的服务对象。另外，高校、科研院所等事业单位，在科研成果的保护、确权、管理、转化运用等方面也普遍有旺盛的信息和服务需求，根据自身的知识产权信息利用和服务能力，既有可能成为知识产权信息公共服务网点，同时也是知识产权信息公共服务的重要对象，如图2－8所示。

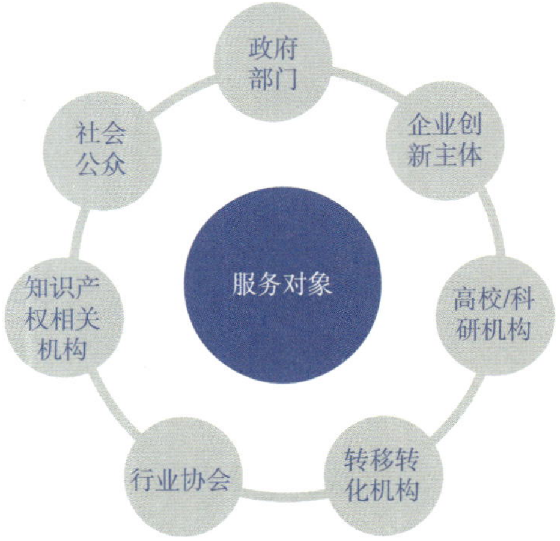

图2－8　知识产权信息公共服务体系之服务对象

3. 知识产权信息公共服务体系的构建措施

国家知识产权局围绕新职能、新任务、新要求，重点从以下六个方面采取相应的政策措施。

一是优化知识产权信息公共服务主干网络建设。国家知识产权局有关部门发挥统筹协调作用，整合系统内外信息公共服务资源，强化知识产权信息公共服务职能，创新知识产权信息公共服务形式，拓展知识产权信息公共服务领域，丰富知识产权信息公共服务内容。各省（区、市）知识产权管理部门统筹本地知识产权信息公共服务体系建设，强化知识产权信息公共服务机构职能，发挥地区知识产权信息公共服务节点作用；指导各地市知识产权管理部门积极争取地方党委政府的支持，组建以信息公共服务为主的地市级综合性知识产权公共服务机构，支持有条件的县（市、区）设立知识产权信息公共服务机构；引导各类产业园区、试验示范区、服务业集聚区等设立知识产权信息公共服务机构，为社会公众和创新创业主体提供便民利民的专业化知识产权信息公共服务。

二是强化知识产权信息公共服务体系网点建设。通过强化部际合作，积极推动高校、科研院所、图书情报机构、国家中小企业政策信息互联网发布平台、火炬高技术产业开发中心等纳入知识产权信息公共服务体系，作为知识产权信息公共服务的重要网点，向社会公众和创新创业主体提供高质量的知识产权信息公共服务。积极推进国防知识产权信息公共服务网点建设，构建军民融合知识产权信息公共服务体系；引导支持知识产权领域行业组织加强与相关行业组织的横向合作，面向其会员开展专业领域知识产权信息公共服务；鼓励支持市场化高端知识产权服务机构向社会提供公益性或者低成本知识产权信息公共服务。在知识产权信息公共服务网点中，遴选认定高校国家知识产权信息服务中心、国家知识产权信息公共服务网点，给予重点支持。

三是加强知识产权信息公共服务区域创新支持。深度分析和开发利用区域特色产业知识产权信息资源，加强区域特色化知识产权信息公共服务体系建设。各省（区、市）和区域中心城市配备综合性服务队伍，通过建立地方特色化的知识产权信息公共服务体系，提供满足区域创新与经济发展需求的、更加专业化的知识产权信息公共服务。通过深化知识产权信息公共服务国内合作，加强跨区域联动，并围绕国家区域发展战略，积极与国内其他知识产权公共服务机构建立合作机制，进一步促进区域知识产权信息公共服务体系建设，辐射带动区域知识产权信息公共服务发展。此外，围绕区域重点产业领域开展专项知识产权信息公共服务，鼓励支持地方建立跨行政区域的知识产权信息公共服务合作机制，促进区域知识产权信息公共服务体系的共建共享。

四是强化行业产业知识产权信息公共服务。支持各地开展面向战略性新兴产业或者国家重点产业领域的专项知识产权信息公共服务；鼓励支持专业化知识产权信息公共服务机构围绕国家战略性新兴产业或者重点产业，建设开放协同的产业知识产权信息公共服务体系；着力为自由贸易试验区、国家自主创新示范区、国家级高新技术产业开发区、国家级经济技术开发区等重点园区发展提供高端知识产权信息公共服务。此外，利用好行业知识产权信息公共服务体系，指导企业做好知识产权海外布局，规避“走出去”过程中的各项风险挑战，更好地开拓国际市场。通过依托具有行业影响力和作为行业载体的单位，为行业提供知识产权信息利用培训、专利数据检索、知识产权信息分析、行业预警等综合性知识产权信息公共服务。

五是推进知识产权信息公共服务体系人才培养。通过采取集中培训、高校培养、远程教育等多种方式，强化培训、增强素质、提升能力，加强信息公共服务人才专职化、专业化建设。根据不同对象的知识产权需求开展知识产权培训工作，推动完善知识产权专业人员职称评定体系，建立一支覆盖经济、科技、文化等领域的专业化、高层次知识产权信息公共服务人才队伍。此外，不断扩大高校、科研院所、图书情报机构、行业组织等服务网点单位的知识产权信息公共服务人才队伍；实行分级分类培养，在全国范围内培养人才，形成多层次、多渠道、宽覆盖的培训网络；加强高校学科点人才培养，支持高校图书情报学科点培养知识产权信息分析专门人才；鼓励支持高端知识产权信息服务机构开展知识产权信息服务专业化培训；重视知识产权信息分析利用培训工作；向下延伸到市、县，面向公众开展知识产权信息素养培训，宣讲普及知识产权信息知识及技能。

六是完善知识产权信息公共服务体系运行机制。建立知识产权信息公共服务体系的统筹协调机制，推动知识产权信息公共服务的规范化、系统化、体系化，实现知识产权信息公共服务效能的最大化。加强各地知识产权数据中心和公共服务平台建设的统筹协调，建立立项通报机制，积极推进各地建设差异化、特色化的知识产权数据中心、公共服务平台和专题数据库，推动各地横向互联共享，实现财政资金投入产出效益最大化。建立知识产权信息公共服务经验交流机制、服务协作机制和成果共享机制，鼓励支持同类型知识产权信息公共服务机构之间形成协作网络。

2.3.2 强化知识产权信息公共服务支撑

国家知识产权局积极推进国家知识产权信息公共服务平台建设，加强顶层设计，具体目标和措施包括以下七个方面。

第一，积极推进国家知识产权大数据中心立项及设计工作。国家知识产权大数据中心作为知识产权信息的汇集中枢和传输枢纽，既是国家知识产权信息公共服务平台和各地知识产权公共服务平台的数据支撑，也是知识产权信息公共服务体系的网络支撑。国家知识产权大数据中心将汇聚商标、专利、地理标志、集成电路布图设计等知识产权基础数据，国际交换数据和部委共享数据，与经济、科技、法律、文化等信息相互关联，实现数据资源的统一性、基础性、权威性、安全性和共享性，如图 2－9 所示。

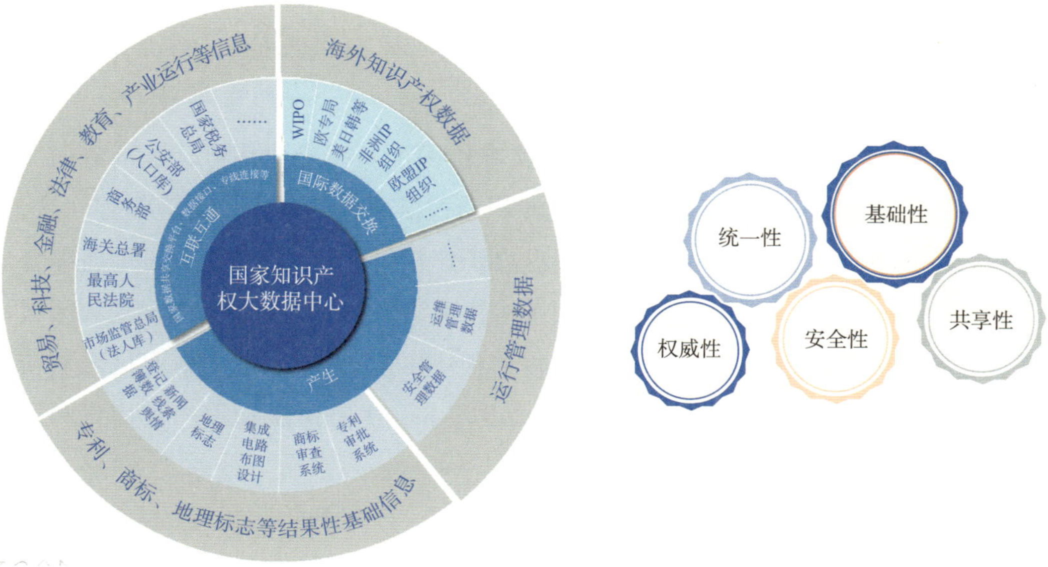

图 2－9　国家知识产权大数据中心设计

第二，强化国家知识产权公共服务平台功能设计，为知识产权公共服务体系提供功能支持，实现线上线下服务有机结合。坚持以系统化、模块化、智能化为原则，以国家知识产权公共服务平台为核心，整合优化升级现有各级知识产权公共服务平台功能，积极推动各级知识产权公共服务平台网络化，实现知识产权业务服务、政务服务和信息服务平台建设一体化，如图 2－10 所示。

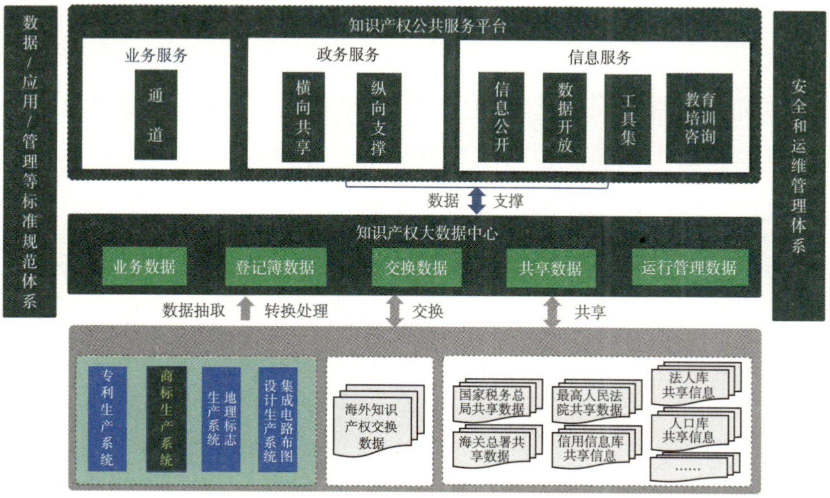

图 2－10　国家知识产权公共服务平台设计

第三，鼓励知识产权信息公共服务机构开发上传各类符合安全标准的免费应用工具。鼓励支持高校、科研院所、图书情报机构等网点单位自有的专业文献、专业数据库等接入国家知识产权公共服务平台，实现资源共享。鼓励支持市场化知识产权信息服务机构依托知识产权信息公共服务平台，向社会免费或者低成本开放共享有关服务产品。

第四，支持国家知识产权局有关直属单位积极发挥专业优势，履行数据加工、信息服务等职责，积极开展专业化知识产权信息公共服务。支持各省（区、市）和区域中心城市积极建立地方特色化知识产权信息公共服务平台，配备综合性服务队伍。支持地方及行业专业化服务机构围绕国家区域发展整体规划和区域重点发展领域，建设区域或行业知识产权信息公共服务平台，提供满足区域创新与经济发展需求的、更加专业化的信息公共服务，提升区域知识产权信息利用能力。

第五，支持各类知识产权运营公共服务平台、行业或产业知识产权信息服务平台、科技信息服务平台等，与国家知识产权公共服务平台互联共享，增强知识产权信息服务功能，面向企业、高校、科研院所、服务机构等不同对象开展多层次的信息公共服务。

第六，支持各地开展面向战略性新兴产业或者国家重点产业领域的专项知识产权信息公共服务。鼓励支持专业化知识产权信息服务机构围绕国家战略性新兴产业或者重点产业，建设开放协同的产业知识产权信息公共服务平台，为自由贸易试验区、国家自主创新示范区、国家级高新技术产业开发区、国家级经济技术开发区等重点园区的发展提供高端知识产权信息服务。

第七，支持各省（区、市）建立部门间合作机制，针对中小企业开展知识产权信息咨询、信息利用培训等基础性公共服务；鼓励中小企业公共服务示范平台等为中小企业免费提供知识产权信息公共服务。支持各地建立中小企业知识产权预警机制，加强知识产权预警信息的收集发布，帮助中小企业提升知识产权维权能力。引导高校、科研院所、图书情报机构、行业组织等服务网点单位，优化服务模式，开发适合中小企业需求的知识产权信息服务产品，免费或者低成本向中小企业提供专业化、个性化服务，助力中小企业技术创新。

2.3.3 加强知识产权信息公共服务工作指导

2019 年，国家知识产权局加强对各级知识产权信息公共服务节点和各类网点的工作指导，积极推进知识产权信息公共服务经验交流和成果共享，探索建立常态化沟通机制，不断提高知识产权信息公共服务整体效能。

一是加强工作指导和培训，统一工作思想。2019 年 8 月，国家知识产权局在成都举办全国知识产权信息公共服务体系建设培训班。培训以“开拓创新，努力开创知识产权公共服务工作新局面”为主题，认真贯彻落实局党组关于知识产权公共服务工作的重要部署，统一思想、明确任务、细化要求，从明确知识产权公共服务工作思路、建设信息公共服务体系政策解读、大数据中心及平台顶层设计、专利文献服务要览、知识产权信息服务实践、技术转移转化等方面进行了系统培训。

二是搭建多样化、常态化交流机制和平台。为打造知识产权信息公共服务政策宣讲、经验交流、学习展示的平台，国家知识产权局策划编制了《知识产权公共服务聚焦》期刊，如图 2－11 所示。

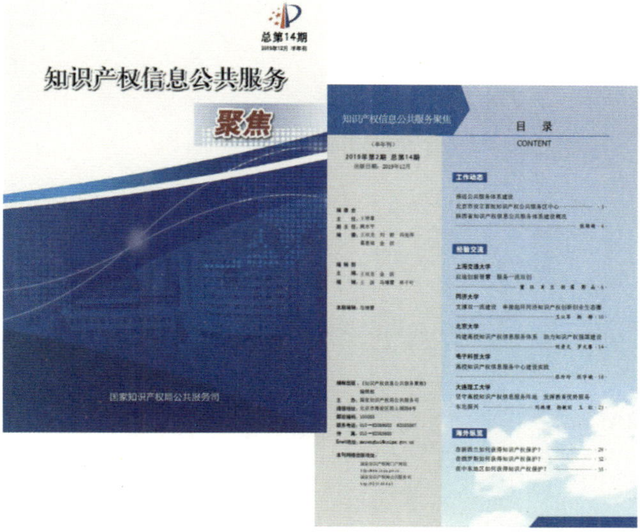

图 2－11 知识产权公共服务聚焦期刊

期刊内容涉及政策解读、海外知识产权保护、知识产权信息服务企业、知识产权大数据、知识产权信息传播利用、推动知识产权信息开放等方面。国家知识产权局定期向地方知识产权管理部门寄送、发放纸质期刊，同时通过国家知识产权局内网、国家知识产权公共服务网和知识产权信息公共服务体系微信群等媒介发布，为加强工作指导、促进知识产权信息公共服务机构之间的交流共享提供了良好平台。同时，为加强对高校国家知识产权信息服务中心工作指导，国家知识产权局举办高校国家知识产权信息服务中心研讨交流活动，围绕知识产权公共服务体系建设、高校科技创新及知识产权政策规划、科技成果转移转化、专利资源开发利用等主题进行授课与交流；编辑推送《高校知识产权信息》，促进信息共享。此外，国家知识产权局举办“商标大数据与品牌经济发展”“知识产权公共服务助力创新创业”研讨交流活动，为知识产权信息公共服务相关工作机构增进相互了解，搭建工作交流平台。

第3章　知识产权信息公共服务体系建设进展

建立健全运转高效、便民利民的知识产权信息公共服务体系，是高质量知识产权公共服务得以充分供给的重要保障。2019年，各级知识产权管理部门积极落实国家知识产权局党组关于“织好公共服务网”的工作要求，我国公共服务主干网络进一步得到健全和完善，公共服务网点建设进一步得到巩固和加强，更多在华“技术与创新支持中心”（TISC）授牌运行，首批高校国家知识产权信息服务中心完成认定，各家专利文献服务网点的积极作用持续突显。同时，我国知识产权信息公共服务水平进一步提升，从上线试运行国家知识产权公共服务网，到升级改造新一代地方专利检索及分析系统，再到支持地方建设“需求差异化、功能多样化”的公共服务平台，越来越多的创新主体享受到更加便捷高效的知识产权信息公共服务。在此基础上，我国知识产权信息传播利用工作更加深入开展，基础信息采集加工标准化工作有序推进，知识产权基础数据进一步扩大开放，知识产权信息传播利用内容和渠道不断拓展，创新主体知识产权信息利用能力日益提升。

3.1　强化主干网络建设

由国家级、省级、地市级知识产权管理部门所属知识产权信息公共服务机构组成的三级主干网络，在知识产权信息公共服务中发挥了主渠道作用，是全国知识产权信息公共服务体系的核心，面向各级政府、其他类型服务机构、社会公众和创新主体提供基础性知识产权信息服务。国家层面的知识产权信息公共服务由国家知识产权局局内相关部门和局属单位履行。省、市两级知识产权信息公共服务节点是指各省、市知识产权管理部门所属的信息公共服务机构。

3.1.1 国家知识产权局知识产权信息公共服务工作进展

3.1.1.1 国家知识产权局直属知识产权信息公共服务机构

国家知识产权局作为我国知识产权信息公共服务主管部门，负责统筹推动全国知识产权信息公共服务体系建设，组织协调各类知识产权信息公共服务节点和网点，整合系统内外公共服务资源，强化信息公共服务职能，创新信息公共服务形式，拓展信息公共服务领域，丰富信息公共服务内容，不断满足社会日益增长的知识产权信息公共服务需求。国家知识产权局直属信息公共服务相关部门和单位积极履行职能并发挥专业特色，面向各级政府、其他服务机构、社会公众和创新主体提供基础性、专业化的知识产权信息公共服务。国家知识产权局主要的直属信息公共服务部门和单位包括专利局专利文献部、知识产权出版社有限责任公司、中国专利信息中心、专利检索咨询中心等，如图3－1所示。

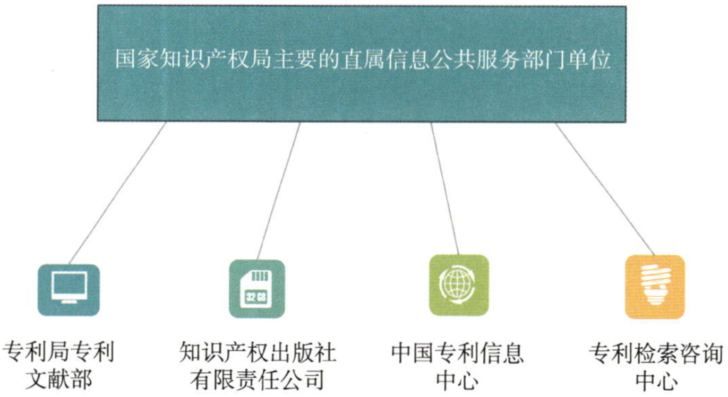

图3－1 国家知识产权局主要的直属信息公共服务部门和单位

专利局专利文献部面向社会公众开展专利文献信息的检索阅览服务，满足公众专利文献信息查阅需求；开展专利文献信息公益性培训，宣传普及专利文献信息知识及其使用技能；开展专利文献信息参考咨询服务，指导解决专利文献信息的使用问题；开展专利文献信息传递服务，便捷专利文献信息获取；管理国家知识产权局知识产权陈列馆与专利展示厅，宣传普及知识产权文化和专利制度。

知识产权出版社有限责任公司根据国家知识产权局委托，承担国家知识产权局专利数据服务试验系统（知识产权出版社站点）建设和维护工作；承担数据加工、国际数据交换、地方局信息化系统数据支持与维护等相关工作；承担国家知识产权局及地方局知识产权信息公共服务系统建设任务。以免费、低成本或定制化方式向社会提供知识产权信息检索及统计分析、知识产权数据区域监测、知识产权咨询和培训等信息服务。

中国专利信息中心根据国家知识产权局委托，承担国家知识产权局专利数据服务试验系统（中国专利信息中心站点）建设和维护工作；承担专利相关信息化系统运维、专利信息自动化系统开发、专利信息加工等工作。同时以免费、低成本或定制化方式向社会提供专利检索、知识产权咨询、专题库建设、翻译、培训等信息服务。

专利检索咨询中心根据国家知识产权局委托，为服务对象无偿提供专利事务及法律法规咨询服务，包括电话咨询、当面咨询、网站咨询、信函咨询等多种方式，充分发挥联系申请人和社会公众的桥梁和纽带作用。同时，以免费、低成本或定制化方式向社会提供专利咨询服务、专利信息检索服务、专利信息分析服务和翻译等服务。

3.1.1.2　强化知识产权信息公共服务信息化支撑

知识产权公共服务平台对一个国家的技术创新具有巨大的推动作用，是国家知识产权战略的重要组成部分。为了进一步深化知识产权领域“放管服”改革，提升知识产权公共服务质量和效率，国家知识产权局努力推动国家知识产权大数据中心和国家公共服务平台立项建设，同时，加强对现有服务资源的整合、优化、升级，推动知识产权公共服务网建设上线和新一代地方专利检索及分析系统升级改造等工作，为我国知识产权公共服务提供更有力的支撑。

1. 整合资源平台推动国家知识产权公共服务网上线运行

2019 年，国家知识产权局启动并完成国家知识产权公共服务网（以下简称“公共服务网”）的建设，已上线试运行。公共服务网的建设定位和目的是：显性化、智能化展示知识产权公共服务体系建设思路和成效；其作为国家知识产权大数据中心和国家知识产权公共服务平台的前身和验证；在大数据中心和公共服务平台建成之前，更好地支撑服务体系，成为知识产权公共服务、传播利用的系统支撑、成果展示平台和创新阵地；为公众提供简单、便捷、高效的“一站式”服务。

公共服务网具有六大突出特点：一是公共性，为社会公众、创新创业主体提供知识产权公共服务；二是权威性，由国家知识产权局及各地方知识产权局进行统一管理和相关信息维护，在政策解读、信息发布、数据或服务产品提供等方面具有权威性；三是聚焦性，公共服务网提供公众及创新主体普遍关注的热点服务，如加快审查、专利数据下载、专利检索与分析、在线知识产权培训服务等；四是融合性，公共服务网集成专利、商标、集成电路、地理标志相关业务办理，集成国家和地方知识产权公共服务相关内容；五是智能性，公共服务网实现前端服务与后台管理的闭环、现行服务与用户反馈的闭环、业务需求与行为数据的闭环，通过智能分析和统计，可更好地升级、优化公共服务网功能和内容，并为下一步的国家知识产权大数据中心和公共服务平台建设提供依据；六是便捷性，公共服务网采用交互地图形式，直观展示知识产权公共服务网点、服务等信息；采用“一站式”服务模式整合、优化、升级各类服务内容。

公共服务网通过整合优化国家、地方现有知识产权公共服务资源和平台，融合知识产权公共服务线上线下优势，实现了全国知识产权公共服务主干服务节点、网点的可视化展示。公共服务网为平台用户提供多种在线服务，设置了网点导航、在线服务、公益课堂等栏目，整合归集了知识产权申请、代理、缴费、检索查询、加快审查、知识产权基础数据开放和下载、国民经济分类检索、专题数据库等多种在线服务功能，如图 3－2 所示。

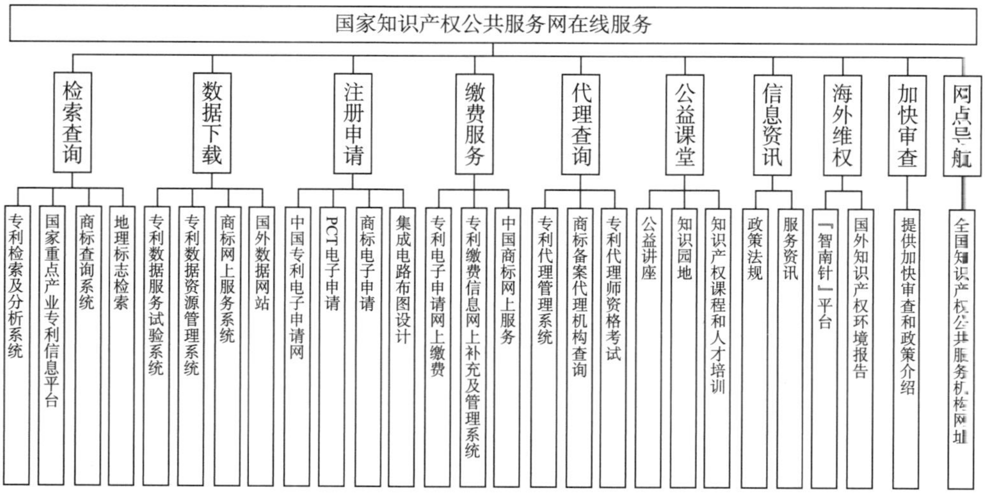

图 3－2　国家知识产权公共服务网在线服务内容构成

（1）注册申请

公共服务网整合集成了中国专利电子申请网、PCT 电子申请网、中国商标网和集成电路电子申请系统的入口，用户可通过公共服务网链接到上述平台分别提交中国专利、PCT、商标、地理标志及集成电路布图设计的电子申请，阅读和了解相关申请流程及申请指南。各网站的界面如图 3－3 所示。

（a）中国专利电子申请网❶

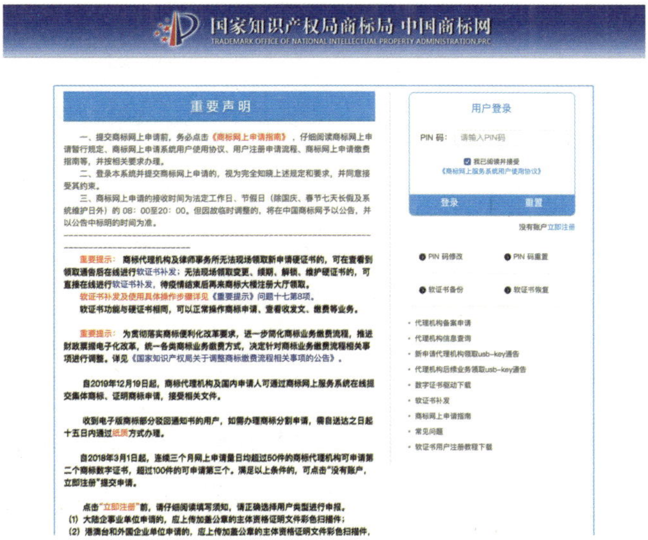

（b）中国商标网❷

图 3－3　国家知识产权公共服务网（试运行）注册申请服务

❶ 中国专利电子申请网 http：//cponline. cnipa. gov. cn/.

❷ 中国商标网 http：//wssq. sbj. cnipa. gov. cn：9080/tmsve/.

（c）地理标志产品保护申请电子受理平台❶

（d）集成电路布图设计电子申请平台❷

图3-3　国家知识产权公共服务网（试运行）注册申请服务（续）

（2）缴费服务

公共服务网整合集成了中国专利电子申请网、专利缴费信息网上补充及管理系统和中国商标网上服务系统。用户可通过公共服务网链接到上述平台查询专利及商标申请的相关缴费标准，进行网上缴费操作。

（3）代理查询

公共服务网整合集成了专利代理管理系统、商标代理机构查询系统以及专利

---

❶ 地理标志产品保护申请电子受理平台 http：//dlbzsl. hizhuanli. cn：9000/.

❷ 集成电路布图设计电子申请平台 http：//vlsi. cnipa. gov. cn/.

代理师报名的入口，用户可通过公共服务网链接到上述平台查询专利代理相关事务以及商标代理机构相关信息，并可注册报名专利代理师资格考试。各网站的界面如图 3－4 所示。

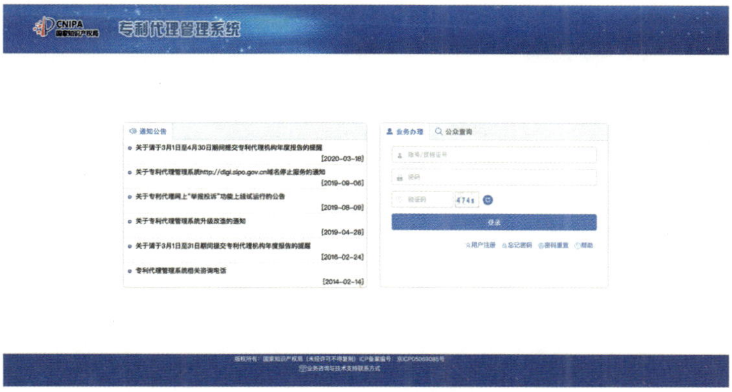

（a）专利代理管理系统❶

（b）商标代理机构查询系统❷

图 3－4　国家知识产权公共服务网（试运行）代理查询服务

---

❶ 专利代理管理系统 http：//dlgl. cnipa. gov. cn/index. jsp.

❷ 商标代理机构查询系统 http：//wssq. sbj. cnipa. gov. cn：9080/tmsve/agentInfo_getAgentDljg. xhtml.

（c）专利代理师资格考试系统❶

图3－4　国家知识产权公共服务网（试运行）代理查询服务（续）

（4）检索查询

公共服务网整合集成了国家知识产权局专利检索及分析系统、国家重点产业专利信息服务平台、商标查询系统及地理标志检索平台的入口，用户可通过公共服务网链接到上述平台进行各类知识产权的检索查询，免费使用简单、方便、快捷的检索与分析功能。各网站的界面如图3－5所示。

（a）专利检索及分析系统❷

图3－5　国家知识产权公共服务网（试运行）检索查询服务

---

❶ 专利代理师资格考试系统 http：//agent. cnipa. gov. cn：8000/sipo/index. action.

❷ 专利检索及分析系统 http：//pss－system. cnipa. gov. cn/sipopublicsearch/portal/uiIndex－pubservice. shtml.

（b）国家重点产业专利信息服务平台❶

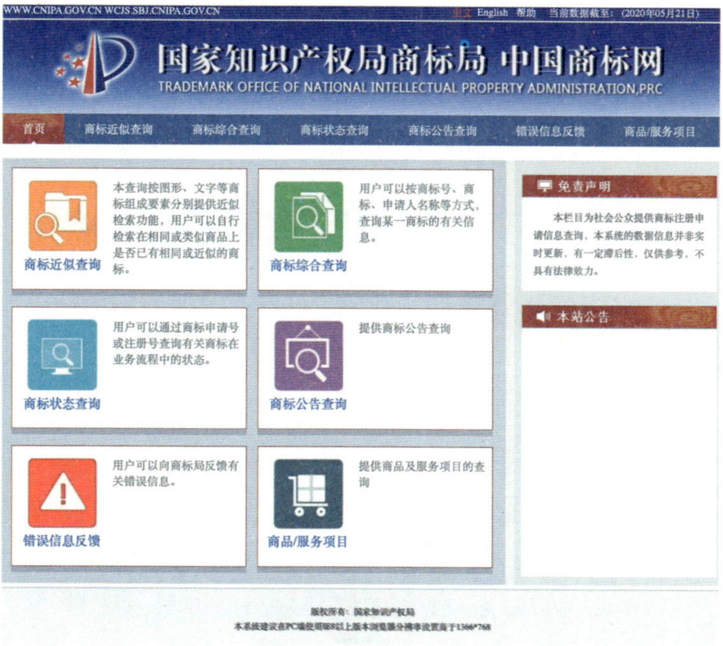

（c）商标查询❷

图 3－5 国家知识产权公共服务网（试运行）检索查询服务（续）

❶ 国家重点产业专利信息服务平台 http：//chinaip. cnipa. gov. cn/#.

❷ 商标查询 http：//wcjs. sbj. cnipa. gov. cn/txnT01. do.

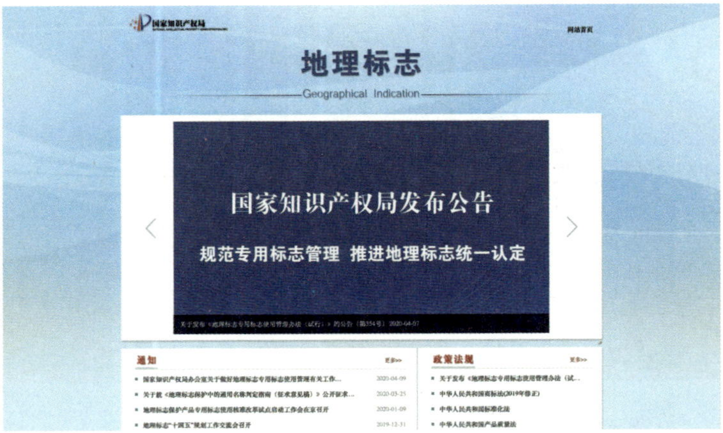

（d）地理标志检索❶

图3-5 国家知识产权公共服务网（试运行）检索查询服务（续）

（5）数据下载

公共服务网汇集了国内和国外主要数据服务网站入口，用户可通过公共服务网链接到上述平台下载国内外专利基础数据的更新数据和商标数据，也可以通过公共服务网方便快捷地链接到国外主要数据服务网站。部分网站的界面如图3-6所示。

（a）专利数据服务试验系统一❷

图3-6 国家知识产权公共服务网（试运行）数据下载服务

---

❶ 地理标志检索 http：//www. cnipa. gov. cn/ztzl/dlbzzl/.

❷ 专利数据服务试验系统一 http：//patdata1. cnipa. gov. cn/.

（b）专利数据服务试验系统二❶

（c）专利数据资源管理系统❷

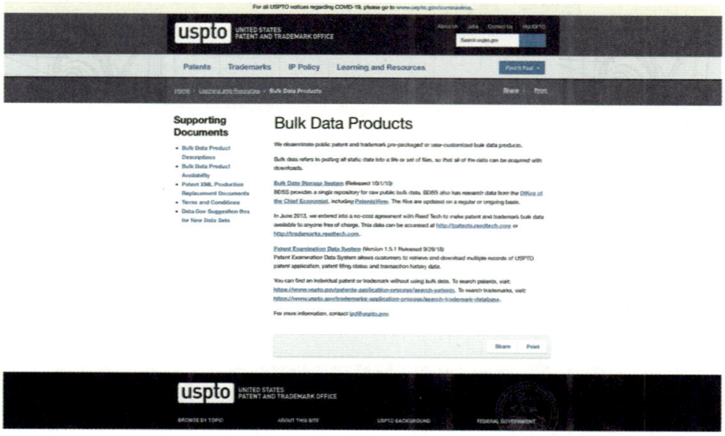

（d）国外数据网站❸

图 3－6　国家知识产权公共服务网（试运行）数据下载服务（续）

---

❶ 专利数据服务试验系统二 http：//patdata2. cnipa. gov. cn/.

❷ 专利数据资源管理系统 http：//221. 232. 152. 250：9000/dc_data_manager/platform/login. do.

❸ 国外数据网站 https：//www. uspto. gov/learning – and – resources/bulk – data – products.

（6）海外维权

公共服务网提供国家海外知识产权信息服务平台“智南针”及国外知识产权环境报告网的链接，方便用户获取海外维权相关信息。各网站的界面如图3－7所示。

（a）智南针❶

（b）国外知识产权环境报告❷

图3－7　国家知识产权公共服务网（试运行）海外维权服务

（7）加快审查

公共服务网提供加快审查的政策介绍及办理指南，用户根据具体情况可在公共服务网上了解各种加快专利申请的途径。

---

❶ 智南针 https：//www. worldip. cn/.

❷ 国外知识产权环境报告 http：//freereport. cnipa. gov. cn/index. asp.

（8）网点导航

公共服务网通过可视化的方式提供全国各地、各类型共 700 余家知识产权公共服务机构的网址链接与通信信息，方便用户根据所在位置和需要便捷查找服务机构，获取知识产权公共服务，其界面如图 3 - 8 所示。

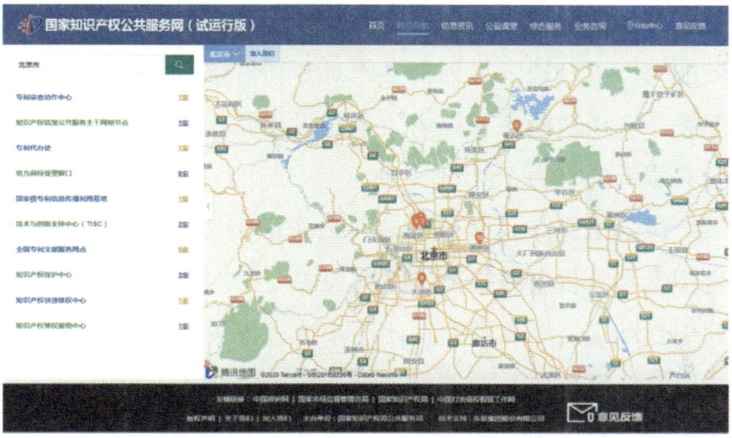

图 3 - 8　国家知识产权公共服务网（试运行）网点导航服务

（9）信息资讯

公共服务网为用户提供及时、权威、丰富的知识产权信息资讯、服务资讯，并可以链接到人民网知识产权专栏。

（10）公益课堂

用户可以通过公共服务网访问国家知识产权局公益课堂，查看公益讲座信息，如图 3 - 9 所示；可以通过知识园地获取和学习专利文献基础、专利文献研究、标准与分类等专业知识；还可以在线观看知识产权培训视频等。

图 3 - 9　国家知识产权公共服务网（试运行）公益课堂服务

此外，国家知识产权公共服务网还设有综合服务和咨询服务等板块，最大程度地为用户获取知识产权公共服务提供信息指引和便利。

2. 推进新一代地方专利检索及分析系统的部署

新一代地方专利检索及分析系统（以下简称“新一代系统”）由国家知识产权局依托功能成熟且受众广泛的专利检索及分析系统建设，目的是助力提升地方专利信息服务能力，更好地满足创新主体对专利信息服务的需求。系统基于“服务入口分散部署、应用功能统一提供”的建设思路，在地方部署后即可作为其对外提供信息公共服务的有力工具。

新一代系统包含了迄今我国最权威、最全面的专利数据。系统丰富的接口、工具、功能为检索和分析服务提供了强有力的支撑。用户在浏览专利服务信息的过程中，可利用互动交流工具反馈在使用系统过程中遇到的各类问题，系统管理员会帮助用户解答。系统核心功能服务界面如图 3－10 所示。

图 3－10　新一代地方专利检索及分析系统核心功能服务界面图

专利检索作为新一代系统的核心服务之一，充分吸收了国家知识产权局审查员的审查经验，并为用户提供多种检索辅助工具，具备专业性和易用性。系统允许用户保留检索结果，根据个人需求利用专利分析子系统对检索结果进行专业化、智能化的分析，生成分析报告。除了强大的专利检索和专利分析功能外，新一代系统专门为各地方开展信息服务设计开发了自建库等特色功能。地方企业可通过新一代系统的专利检索获得所涉领域的相关专利情况，通过自建库功能保存相关数据成为企业专题数据库，且相关数据可随后台系统不断自动更新。此外，系统为各地方设置了高级用户管理权限，允许地方人员负责本地区系统高级用户的审批、发放和管理❶。2019 年，国家知识产权局在优化数据下载方式、自建库升级改造、检索历史升级改造、CPC 功能开发、提供国民经济分类导航检索功能、用户管理功能升级等方面对系统进行了升级改造，进一步提升了系统的服务能力和管理效率，系统功能进一步丰富、完善，如图 3－11 所示。

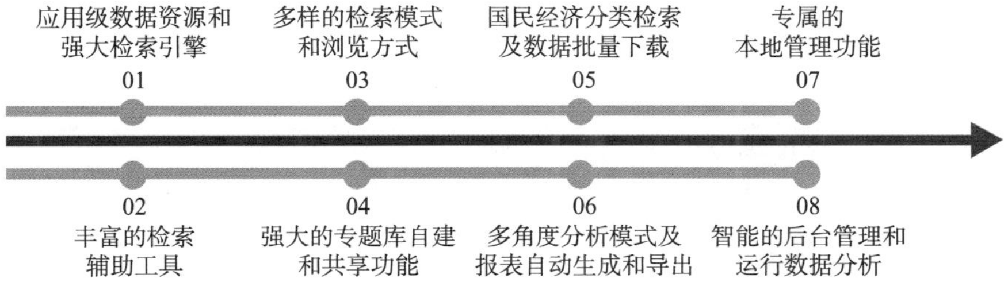

图 3－11　新一代地方专利检索及分析系统的功能特点示意图

2019 年，国家知识产权局相继完成湖北、成都、杭州三地新一代地方专利检索及分析系统部署和开通工作。截至 2019 年 12 月，新一代地方专利检索及分析系统在全国已部署 26 个地方端。

3. 各类公共服务系统平稳运行

各类服务系统的平稳运行是知识产权信息公共服务有序开展的重要基础。2019 年，国家知识产权局加强对专利检索及分析系统、中国专利电子申请网、专利事务服务系统、中国及多国专利审查信息查询系统、地理标志产品保护申请电子受理平台、国家海外知识产权信息服务平台和国家知识产权运营公共服务平台等公共服务平台的维护力度，增加系统功能，优化系统性能，提升系统效率，为知识产权公共服务提供了有效的保障和支撑。

❶ 发挥系统优势彰显专利价值 [EB/OL]. http://www.iprchn.com/Index_NewsContent.aspx?newsId=96839.

（1）专利检索及分析系统

近年来，国家知识产权局专利检索及分析系统注册用户规模快速增长，累计注册用户量达到165万人；日均在线人数增长明显，从2011年上线初的不到300人，到2019年增长为日均约5500人。系统功能不断完善，性能不断优化，为公众用户提供更为便捷、易用的检索及分析功能，进一步提升面向公众的专利检索、分析服务能力。

如图3－12所示，2019年专利检索及分析系统新增注册用户59.2万人，周活跃用户在5.3万人左右。系统向普通注册用户增加了命令行检索、药物结构式检索、高级分析等功能，为公众用户提供更好、更多的服务；通过接口拆分及浏览性能优化减轻了系统压力，通过图像压缩和预加载处理提高了文献浏览性能和打印性能，通过安全加固阻止了互联网用户恶意抓取数据行为，有效地提升了系统的稳定性和访问速度，改善了用户体验。

图3－12　国家知识产权局专利检索及分析系统运行统计图

（2）中国及多国专利审查信息查询系统

为了进一步提高专利信息公共服务质量，使社会公众和申请人能够获取更多专利申请的基本信息和审查信息，按照业务需求，国家知识产权局在2011年建设了面向广大申请人和普通公众的中国及多国专利审查信息查询系统，提供专利申请及审查过程信息查询服务。该系统于2011年4月上线运行，可提供中、英、日、韩、法、俄、德、西共八种语言的查询界面。该系统提供专利基本信息、费用信息、审查信息、公布公告信息、专利授权证书等信息的查询。该系统对不同用户设有不同的查询权限，用户分为电子申请注册用户和普通公众用户；电子申请注册用户，可以使用电子申请的注册名和密码登录，查询该注册用户名下的所有专利申请的相关信息；社会公众用户通过注册后，可以对已经公开的信息进行查询；该系统日均查询次数近400万次。该系统的建设进一步满足了社会公众获取国内外专利审查信息的需求，有效提升了专利信息公共服务质量。

（3）商标网上服务系统

商标网上服务系统服务深度和广度不断加强，实现网上申请、网上查询等多种功能。其中，网上查询功能采用非关系形数据库、全文检索等技术，实现了商标近似查询、综合查询、状态查询、公告查询、商品名称和服务项目查询、错误信息反馈等功能，以不同场景展示商标信息，推动了数据价值的充分利用和便利服务。同时，商标数据向公众开放，接受广泛监督，建立了错误信息反馈渠道，使数据错漏等问题能在较短时间内得到解决。2017 年 5 月，新版商标查询系统优化了界面设计、查询逻辑，增加了安全规则，解决了访问困难的问题，大大提高了商标注册工作的服务水平和透明度。全天 24 小时提供商标查询服务，日均请求数达 1200 余万次。

另外，商标局积极推动电子公告公开化。2017 年 11 月 6 日，新版商标电子公告系统上线，提供自 1980 年第 1 期至 2019 年的全部公告数据，并增加了根据商标信息检索的功能。

（4）地理标志产品保护统一电子受理平台

国家知识产权局落实国务院有关“放管服”要求，积极推进地理标志统一认定，建设完成并上线启动全国地理标志产品保护申请电子受理平台。该平台集申请人身份注册认证、申请材料提交、省级知识产权管理部门初审、国家知识产权局组织专家在线技术审查、在线反馈审查意见、在线发布公告等六大功能于一体，可为地理标志产品保护申请人提供政策法规和通知公告查询、网上申请等全方位、全流程服务。

（5）国家海外知识产权信息服务平台

国家海外知识产权信息服务平台“智南针”（网址：www. worldip. cn，微信服务号“智南针网”）由国家知识产权局知识产权保护司指导，中国知识产权报社主办，以解决中国企业“走出去”过程中获取海外知识产权信息不足的问题为出发点，面向国际化发展的企业和知识产权服务机构提供知识产权信息服务。

自 2015 年上线以来，“智南针”提供包括海外知识产权法律法规、环境概览、实务指引、服务机构等在内的一系列海外知识产权信息，为企业“走出去”提供了有力支持，并已由单个网站发展成包括网站、微信服务号、微信小程序、智南针沙龙互相支撑互为补充，囊括网站和移动端，兼具线上线下互动的海外知识产权信息公共服务平台。截至 2019 年底，“智南针”累计注册会员超过 1. 2 万人，累计访问量约 1400 万次，获得企业一致好评，如图 3－13 所示。

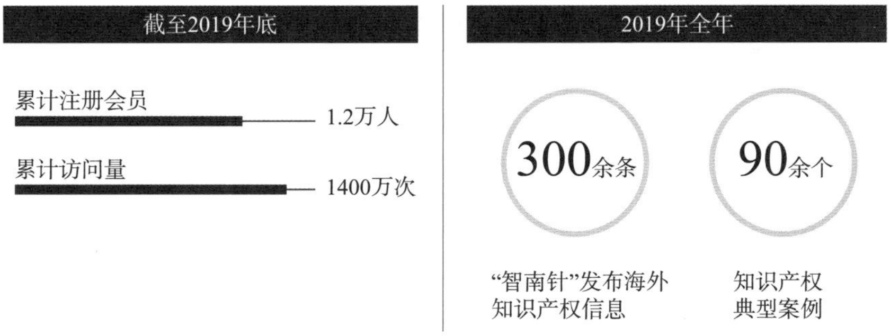

图 3－13　2019 年国家海外知识产权信息服务平台"智南针"成效图

2019 年，"智南针"发布海外知识产权信息 300 余条，知识产权典型案例 90 余个，发布《Lex Machina 2018 美国专利诉讼报告》《加拿大知识产权实务指引》等海外知识产权实务指引，发布《中国企业海外知识产权纠纷调查报告（美国）》，组织发布《2019 年德国汉诺威工业博览会知识产权工作指南》《2019 年美国拉斯维加斯国际鞋和服装展览会知识产权工作指南》《2019 年德国慕尼黑国际电池储能技术博览会知识产权工作指南》。推出"智南针问答"和"智南针宝库"两款微信小程序，为社会公众提供更加便捷的信息查询和更直接的专家答疑服务。2019 年，"智南针"组织在北京、南京、深圳共举办 5 场"智南针沙龙"活动，邀请来自美国、德国、俄罗斯、韩国、印尼等国家和地区相关领域的专家，就知识产权海外布局和纠纷应对等与企业共商发展策略。

（6）国家知识产权运营公共服务平台

国家知识产权运营公共服务平台（以下简称"国家运营平台"）建设是国家"十三五"规划的重要任务之一。该平台自 2014 年开始筹备，2017 年具备展示功能的平台网站上线，2018 年平台建设完成并上线公测，具备全球专利数据、中国商标数据和全国知识产权政策数据的查询功能，知识产权运营项目在线交易结算功能，以及在线辅助创新功能和线上质押融资等功能。国家运营平台的建成，为知识产权运营所需的信息流、服务流和资金流的互联互通提供了基础，为解决知识产权运营供需信息不对称问题提供了解决方案。截至 2019 年底，国家运营平台注册用户数超过 2000 人，挂牌运营的专利数量累计超过 20000 件，入驻的知识产权服务机构超过 300 家，网站月均访问量达 8.6 万次，如图 3－14 所示。

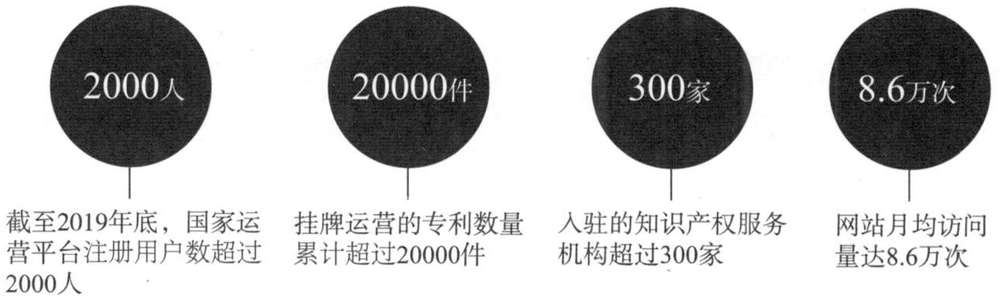

图 3－14　国家知识产权运营公共服务平台运营统计图

3.1.1.3　推动知识产权信息传播利用工作深入开展

知识产权信息作为建设创新型国家的战略性资源，既是知识产权创造运用的土壤，也是创新创造的源泉基础。加强知识产权信息的传播和利用是更好地发挥知识产权制度的作用、提高全社会自主创新能力的基础性、关键性环节。2019年，国家知识产权局在既有工作基础上不断深入推动知识产权信息传播利用，厚植创新创造的知识产权信息土壤，进一步推动知识产权创造运用质量的提升，促进经济高质量发展。

1. 加快制定知识产权基础信息采集加工标准

提高知识产权跨部门跨区域协同合作水平，提升知识产权信息利用效率，需要依赖高效率的信息基础结构和统一的标准体系来实现。国家知识产权局 2003 年制定专利信息统计数据项标准，规范了公共专利信息统计方法和统计数据项的名称、定义、内容、作用。但针对商标、地理标志和集成电路布图设计等知识产权的基础信息缺乏相关标准。2019 年，国家知识产权局启动知识产权基础信息采集加工标准研究制定工作，制定完成并发布《知识产权基础信息数据规范（试行）》，目标是推进知识产权信息传播利用工作的规范化、标准化，促进信息资源和平台的互联互通、知识产权信息的共享开放和有效传播利用，为国家知识产权大数据中心建设和运行提供基础性保障。

《知识产权基础信息数据规范（试行）》包括 1400 余页正文文本与规范性附录，包括 1347 个数据元素，规定了知识产权基础数据元素的基本概念、结构、设计规则和表示方法，为实现数据资源零件化、规范化、标准化提供了依据和方法。数据规范紧密围绕应用需求，具体解决了以下五个方面的问题：

一是首次定义商标、地理标志、集成电路布图设计等基础数据规范。数据规范全面覆盖了现有知识产权基础数据资源，定义的数据范围包括专利、商标、地理标志、集成电路布图设计、权利人主体（企业法人与自然人）、知识产权司法判决及知识产权综合应用共七类，改变了长期以来知识产权基础数据规范只覆盖专利数据的现状，实现了商标、地理标志、集成电路布图设计等基础数据规范从无到有的突破，解决了各领域数据间标准不统一、不完善的问题。

二是打通以“权利人”为核心的数据关联，实现基础数据互联互通。数据规范为以“权利人”为核心的数据关联、以“号码”为核心的数据检索提供了方法和依据，可实现使用一条“权利人”（企业法人或自然人）信息同时检索与其相关的专利、商标、地理标志、集成电路布图设计、知识产权司法判决及知识产权综合应用数据信息，还可实现使用一个文献或数据标识“号码”同时进行本数据领域和跨数据领域检索，为实现七类数据的互联互通奠定了标准基础。

三是充分融合不同来源的地理标志数据。充分考虑地理标志数据的特殊情况，提炼共性，包容个性，对不同来源的地理标志数据进行有效融合。

四是兼容现行专利文献数据规范。数据规范充分遵循我国现行标准和国际标准，现行行业标准《专利文献数据规范》在数据规范中得到沿用和兼容。

五是预留知识产权司法判决和知识产权综合应用数据扩展空间。数据规范采用的设计方法可随着数据范围的扩大而不断扩展，目前规范中涉及的知识产权综合应用数据业务元素包含了海关备案保护数据内容，后期还可扩展到知识产权司法判决数据以及银行信用信贷等其他应用数据。

《知识产权基础信息数据规范（试行）》的制定和发布确保了知识产权基础信息数据的一致性和准确性，有利于提高知识产权基础信息数据的加工、运用、交换和管理水平，促进知识产权数据信息深层次挖掘、分析和应用，提升知识产权公共服务能力和水平，提高服务质量和效率。

2. 不断丰富传播利用内容并进一步拓展传播渠道

丰富的知识产权信息内容和行之有效的信息传播渠道，是推动知识产权信息传播利用的关键要点。知识产权主体对于及时、有效、优质的知识产权信息需求愈发迫切；国家知识产权局通过便捷、高效的信息获取媒介，利用友好、易用的知识产权信息传播利用工具，及时传播深度、专业的知识产权信息内容。

国家知识产权局通过业务咨询、文献提供、公益培训等服务形式，利用各类知识产权信息传播利用媒介，积极引导和帮助社会公众获取知识产权信息资源，持续开展多方位的知识产权信息传播利用引导、示范工作，拓宽知识产权信息传播利用渠道。目前，国家知识产权局专利文献资源量达到 1.3 亿件，涉及 113 个国家、组织和地区。国家知识产权局定期通过纸质或电子形式的《专利公报》和《商标公告》等向公众提供中国知识产权基础信息。此外，公众还可以通过“专利检索及分析系统”“中国及多国审查信息查询系统”等多个知识产权信息资源平台，获取所需要的中国知识产权基础信息。国家知识产权局知识产权信息资源相关平台（系统）情况如表3－1所示。

表3－1 知识产权信息资源相关平台（系统）概览

平台/系统名称	简介	服务功能清单	网址（多数系统已整合集中在知识产权公共服务网上）
专利检索及分析系统	依托于丰富的专利数据资源，向公众提供了简单、方便、快捷的专利检索与分析功能，并提供多种接口服务和工具性功能。其中专利检索服务提供多种检索和浏览模式，专利分析服务面对不同层次的用户提供专业化、智能化的分析方式	专利检索、数据收录范围、专利统计快报	http：//pss－system. cnipa. gov. cn/sipopublicsearch/portal/uiIndex－pubservice. shtml
中国及多国审查信息查询系统	用于查询中国国家知识产权局、欧洲专利局、日本特许厅、韩国知识产权局、美国专利商标局受理的发明专利审查信息。用户可以通过输入申请号、公开号、优先权号查询该申请的同族（由欧洲专利局提供）相关信息，并可以查询中、欧、日、韩、美五局的申请及审查信息	对已经公布的发明专利申请，或已经公告的发明、实用新型及外观设计专利申请的相关信息进行查询	http：//cpquery. cnipa. gov. cn/
中国专利公布公告系统	用于中国专利公布公告信息查询及下载	中国专利公布公告信息查询及下载	http：//epub. cnipa. gov. cn/index. action
口审公告及决定查询系统	发布复审无效决定和口审公告信息	复审无效决定检索、口审公告	http：//reexam. cnipa. gov. cn/
重点产业专利信息服务平台	为企业科技创新、技术改造、市场开拓、对外贸易、兼并重组、专利保护等提供十大产业领域的高水平专利信息服务	专利检索、十大产业分类检索、说明书全文下载等	http：//chinaip. cnipa. gov. cn/

续表

平台/系统名称	简介	服务功能清单	网址（多数系统已整合集中在知识产权公共服务网上）
商标查询	为申请人提供商标综合查询、近似查询功能，方便申请人查询商标基本信息及注册进度	商标信息查询、近似查询	http：//sbj. cnipa. gov. cn/sbcx/
中国商标电子公告系统	滚动发布最新出版的12期《商标公告》，并提供所有商标公告的查询服务	商标公告浏览、公告查询	http：//wsgg. sbj. cnipa. gov. cn：9080/tmann/annInfoView/homePage. html
商标注册审查决定文书	为社会公众提供商标注册审查决定文书检索查询	商标注册审查决定文书检索查询	http：//wssq. sbj. cnipa. gov. cn：9080/tmsve/zccw _ getMain. xhtml
商标异议决定文书	为社会公众提供商标异议决定文书检索查询	商标异议决定文书检索查询	http：//wssq. sbj. cnipa. gov. cn：9080/tmsve/yycw _ getMain. xhtml
商标评审裁定/决定文书	为社会公众提供评审裁定/决定文书检索查询	商标评审裁定/决定文书检索查询	http：//wssq. sbj. cnipa. gov. cn：9080/tmsve/pingshen _ getMain. xhtml
商标数据开放	为社会公众提供商标基础数据的下载	商标数据下载	http：//sbj. cnipa. gov. cn/wssq/，由商标局主页进入
专利数据服务试验系统（知识产权出版社有限责任公司站点）	向社会公众提供国内外专利基础数据更新数据的FTP下载服务	数据下载	http：//patdata1. cnipa. gov. cn/
专利数据服务试验系统（中国专利信息中心站点）	向社会公众提供国内外专利基础数据更新数据的FTP下载服务	数据下载	http：//patdata2. cnipa. gov. cn/
新一代地方专利检索及分析系统	以专利检索与分析功能为核心，集数据共享、资源调度和属地管理功能为一体的智能化、专业化综合性服务系统	检索、浏览、分析、工具、属地管理等功能	各地方网址

为帮助我国企业在开拓海外市场时获取国外知识产权环境信息，提高规避知识产权风险的能力，国家知识产权局开展了国外知识产权制度环境研究工作，并在官方网站上发布《国外知识产权制度环境报告》。该报告内容涉及相关法律政

策、司法制度、执法情况、知识产权典型案例和服务机构等。已完成的报告覆盖美国、欧盟、日本、韩国、东盟、金砖国家、中东以及拉美等 73 个国家、4 个区域组织。其中，对于“一带一路”倡议所涉及的 64 个国家，已完成了其中 47 个国家的相关研究。研究报告具有可公开性、普适性、指导性和实用性，企业可对已发布的报告进行浏览、查询和下载。2019 年，国家知识产权局启动了《国外知识产权制度环境研究报告》更新推广项目，在中国知识产权报开设“公共服务”专栏，对有关国家的知识产权制度环境研究报告进行更新并发布，并通过国家知识产权局、中国知识产权报、商标协会、专利文献众享等微信公众号和人民网知识产权频道等新媒体进行同步推广，全年更新和发布了 19 期 23 个国家和地区的知识产权制度概览，包括法国、俄罗斯、澳大利亚、中东、南非、巴西等国家和地区，为我国创新主体了解国外知识产权制度环境提供了有益参考。

3. 持续扩大知识产权基础数据开放力度

知识产权信息对科技创新、产业发展具有基础性支撑作用，拓展知识产权数据资源开放共享的方式和渠道是提升知识产权运用效率的重要保障。近年来，国家知识产权局不断加强知识产权信息资源建设，积极推进商标、专利等基础数据资源的开放共享。

国家知识产权局自 2014 年 12 月开始向社会开放专利数据，建设了专利数据服务试验系统，成为世界上首个免费对公众提供中外专利基础数据批量下载的国家，数据范围包括中、美、欧、日、韩五局的各类基础专利数据，共计 29 种。2019 年，国家知识产权局继续完善专利数据服务试验系统，增加中国法律状态、中国复审无效决定等 5 种数据资源，所提供的各类专利基础数据资源增加到 34 种，下载带宽增加一倍，并使用电子协议替代了原纸件协议，有效提高了用户的使用便利性。截至 2019 年底，专利数据服务试验系统注册用户超过 1.5 万人，累计下载数据量约 478TB，系统累计提供数据量超过 19TB。专利数据资源开放目录如表 3－2 所示。

表 3－2　专利数据资源开放目录

数据来源	数据编号	数据名称	更新周期	简要说明	备注
国家知识产权局（CNIPA）	CN－IMGS－10－A	中国发明专利申请公布标准化全文图像数据	每周	数据格式为 PDF、XML，内容包括扉页、权利要求书、说明书、说明书附图、索引信息	

续表

数据来源	数据编号	数据名称	更新周期	简要说明	备注
国家知识产权局（CNIPA）	CN－IMGS－10－B	中国发明专利授权公告标准化全文图像数据	每周	数据格式为PDF、XML，内容包括扉页、权利要求书、说明书、说明书附图、索引信息	
	CN－IMGS－20－U	中国实用新型专利授权公告标准化全文图像数据	每周	数据格式为PDF、XML，内容包括扉页、权利要求书、说明书、说明书附图、索引信息	
	CN－TXTS－10－A	中国发明专利申请公布标准化全文文本数据	每周	数据格式为XML、TIFF，内容包括著录项目、摘要、权利要求书、说明书、说明书附图、索引信息	
	CN－TXTS－10－B	中国发明专利授权公告标准化全文文本数据	每周	数据格式为XML、TIFF，内容包括著录项目、摘要、权利要求书、说明书、说明书附图、索引信息	
	CN－TXTS－20－U	中国实用新型专利授权公告标准化全文文本数据	每周	数据格式为XML、TIFF，内容包括著录项目、摘要、权利要求书、说明书、说明书附图、索引信息	
	CN－BIBS－ABSS－10－A	中国发明专利申请公布标准化著录项目数据	每周	数据格式为XML、TIFF，内容包括申请信息、公开信息、申请人信息、IPC国际专利分类信息、名称、摘要、摘要附图	

续表

数据来源	数据编号	数据名称	更新周期	简要说明	备注
国家知识产权局（CNIPA）	CN－BIBS－ABSS－10－B	中国发明专利授权公告标准化著录项目数据	每周	数据格式为XML、TIFF，内容包括申请信息、公开信息、相关公开信息、申请人信息、IPC国际专利分类信息、名称、摘要、摘要附图	
	CN－BIBS－ABSS－20－U	中国实用新型专利授权公告标准化著录项目数据	每周	数据格式为XML、TIFF，内容包括申请信息、公开信息、申请人信息、IPC国际专利分类信息、名称、摘要、摘要附图	
	CN－BIBS－IMGS－30－S	中国外观设计专利授权公告标准化著录项目及切图数据	每周	数据格式为XML、JPG，内容包括申请信息、公开信息、申请人信息、洛迦诺分类信息、名称、简要说明、图片	
	CN－BIBTS－ABSTS－10－A	中国发明专利申请公布标准化英文著录项目数据	每月	数据格式为XML、TIFF，内容包括申请信息、公开信息、申请人信息、IPC国际专利分类信息、名称、摘要、摘要附图	
	CN－BIBTS－ABSTS－20－U	中国实用新型专利授权公告标准化英文著录项目数据	每月	数据格式为XML、TIFF，内容包括申请信息、公开信息、申请人信息、IPC国际专利分类信息、名称、摘要、摘要附图	

续表

数据来源	数据编号	数据名称	更新周期	简要说明	备注
国家知识产权局（CNIPA）	CN－PRSS－10	中国发明专利法律状态标准化数据	每周	数据格式为XML，内容包括申请信息、知识产权类型、法律状态公告日、法律状态代码、法律状态及法律状态详细信息	2019年底新增加的开放内容
	CN－PRSS－20	中国实用新型专利法律状态标准化数据	每周	数据格式为XML，内容包括申请信息、知识产权类型、法律状态公告日、法律状态代码、法律状态及法律状态详细信息	
	CN－PRSS－30	中国外观设计专利法律状态标准化数据	每周	数据格式为XML，内容包括申请信息、知识产权类型、法律状态公告日、法律状态代码、法律状态及法律状态详细信息	
	CN－DECO－RE	中国专利复审案件审查决定数据	每周	数据格式为WORD，内容包括复审案件审查决定基本信息、复审案件审查决定正文。基本信息包括案件编号、决定日、相关专利案件的基本情况、复审请求人、法律依据、决定要点。决定正文包括案由、决定的理由、决定	

续表

数据来源	数据编号	数据名称	更新周期	简要说明	备注
国家知识产权局（CNIPA）	CN－DECO－IN	中国专利无效宣告案件审查决定数据	每周	数据格式为 WORD，内容包括无效宣告案件审查决定基本信息、无效宣告案件审查决定正文。基本信息包括案件编号、决定日、相关专利案件的基本情况、无效宣告请求人、法律依据、决定要点。决定正文包括案由、决定的理由、决定	
欧洲专利局（EPO）	EP－ABSO－10－AB	EP 专利摘要（DOC-DB）数据	每周	数据格式为 XML，内容包括欧洲的著录项目与摘要	
	EP－TXTO－10－AB	欧洲专利全文文本数据	每周	数据格式为 XML，内容包括著录项目、摘要、权利要求书、说明书、说明书附图	
日本特许厅（JPO）	JP－ABST－10－AB	日本发明专利摘要英文翻译数据	每月	数据格式为 XML，内容包括申请信息、公开信息、申请人信息、IPC 国际专利分类信息、发明名称、摘要、摘要附图	
	JP－BIBO－10－AB	日本发明专利著录项目数据	双周	数据格式为 TXT，内容包括申请信息、公开信息、公告信息、优先权信息、IPC 国际专利分类第 8 版信息	

续表

数据来源	数据编号	数据名称	更新周期	简要说明	备注
日本特许厅（JPO）	JP－BIBO－20－U	日本实用新型专利授权公告著录项目数据	每年	数据格式为TXT，内容包括申请信息、公告信息、优先权信息、IPC国际专利分类第8版信息	
	JP－TXTO－IMGO－10－A	日本发明专利申请公布全文数据	每周	数据格式为XML、PDF、TIFF，内容包括著录项目、权利要求书、说明书、摘要、说明书附图	
	JP－TXTO－IMGO－10－B	日本发明专利授权公告全文数据	每周	数据格式为XML、PDF、TIFF，内容包括著录项目、权利要求书、说明书、摘要、说明书附图	
	JP－TXTO－IMGO－20－U	日本实用新型专利授权公告全文数据	每周	数据格式为XML、PDF、TIFF，内容包括著录项目、权利要求书、说明书、摘要、说明书附图	
	JP－TXTO－IMGO－30－S	日本外观设计专利授权公告全文数据	每周	数据格式为SGM、IMG，内容包括著录项目、外观设计专利的视图	
	JP－FIFT－DIC	日本内部分类（FI/FTERM）定义	不定期	数据格式为CSV、XML、HTML，内容包括FI分类定义、Fterm分类定义、转换协议	
	JP－FIFT－FILE	日本内部分类（FI/FTERM）数据	每月	数据格式为无格式文本，内容包括FI分类数据、Fterm分类数据	

续表

数据来源	数据编号	数据名称	更新周期	简要说明	备注
韩国知识产权局（KIPO）	KR－ABST－10－AB	韩国发明专利摘要英文翻译数据	每月	数据格式为XML，内容包括申请信息、公开信息、申请人信息、IPC国际专利分类信息、发明名称、摘要、摘要附图	
	KR－TXTO－IMGO－10－AB	韩国发明专利全文数据	双周	数据格式为XML、PDF、TIFF、JPG，内容包括著录项目、摘要、权利要求书、说明书、说明书附图。	
	KR－TXTO－IMGO－20－UY	韩国实用新型专利全文数据	双周	数据格式为XML、PDF、TIFF、JPG，内容包括著录项目、摘要、权利要求书、说明书、说明书附图	
	KR－TXTO－IMGO－30－S	韩国外观设计专利全文数据	双周	数据格式为XML、PDF、JPG，内容包括著录项目、简要说明、外观设计专利的视图	
美国专利商标局（USPTO）	US－TXTO－10－A	美国专利申请公布全文文本数据	每周	数据格式为XML，内容包括著录项目、摘要、权利要求书、说明书、说明书附图、代码化的复杂单元（表格、数学式、化学结构）、基因序列	
	US－TXTO－10－B	美国专利授权公告全文文本数据	每周	数据格式为XML，内容包括著录项目、摘要、权利要求书、说明书、说明书附图、代码化的复杂单元（表格、数学式、化学结构）、基因序列	

商标数据在2018年底实现开放，向社会免费公开3500余万条商标信息并定期更新，具体内容涉及8类、60个数据项，范围覆盖注册商标基本信息、商品/服务信息、优先权信息、商标图样等内容。商标开放数据包括2018年10月31日前的历史商标数据和之后的增量商标数据两部分，增量商标数据每月更新。通过电信云平台分发网络技术，保证良好的用户下载体验。2019年商标数据库运行稳定，持续更新，可免费下载的商标基本信息增加到4000万件，总下载30万人次，累计下载数据量达271TB。商标数据资源开放目录如表3－3所示。

表3－3　商标数据资源开放目录

序号	资源名称	序号	资源名称
1	注册商标基本信息	5	注册商标图样
2	注册商标商品/服务	6	注册商标共有人信息
3	商标代理人字典	7	国际注册基础信息
4	商标注册人信息	8	注册商标优先权信息

知识产权基础数据开放为知识产权信息的广泛传播和利用奠定了基础，有效降低了相关服务机构的知识产权信息开发时间和成本，为数据深度研究挖掘、专业化处理提供了资源保障，有助于推动知识产权信息服务业的发展和社会整体知识产权信息利用水平的提升。

2019年，国家知识产权局持续加大知识产权数据共享工作力度，加强与最高人民法院、商务部、审计署、海关总署、国家市场监督管理总局等单位的合作交流，推进数据共享和合作。同时，国家知识产权局及时响应系统内单位的数据需求，向需求单位提供相关数据支撑。

4. 引导创新主体提升知识产权信息利用意识和能力

增强创新主体的信息利用意识和能力是提升知识产权公共服务效能的重要目的。国家知识产权局各部门通过推动知识产权信息的分析利用，形成分析评议、专利预警、专利导航等多种利用形式；同时，持续开展多方位的知识产权信息利用引导、示范工作，以政府购买公共服务或公益性项目的形式，开展专利分析普及推广项目、专利导航试点工程、专利信息推送服务、专利信息帮扶等工作；持续加强对各类知识产权信息公共服务机构的分层分类指导，引导各类服务机构积极发挥作用，不断引导、帮助创新主体提升知识产权信息利用能力。

一是持续开展知识产权信息传播利用培训。2019 年，国家知识产权局组织举办了全国知识产权信息传播利用培训班，培训课程囊括了专利、商标、地理标志信息传播利用实务概述和应用实践等，探讨大数据、“互联网 +” 等新技术背景下传播利用工作的创新发展。同年内组织开展 6 项专利信息人才项目，举办两期专利信息人才培训班、两期专利文献服务网点培训班，全国专利文献服务网点 130 余人参加，进一步完善专利信息人才的专利信息知识体系和实践技能，提升文献服务网点等机构的服务能力，助力专利保护与运用、专利申请质量的提升。

二是组织开展专利信息传播利用项目。近几年，国家知识产权局持续组织实施专利信息传播利用基地项目、专利信息人才项目和专利文献服务网点能力提升项目等，全面提升基地、人才、网点的专利信息业务能力，引导其参与解决产业发展、企业生产经营以及公共服务等工作中的具体问题，推进专利信息的有效传播和广泛利用；开展面向各类服务机构、企业、高校等主体的利用促进项目，涵盖企业专利信息利用能力建设、专利信息助力创新创业等 7 类具体项目，引导各地服务机构积极为当地企业、高校、创新创业主体等提供专利信息服务，促进专利信息利用工作的深入开展。

三是积极开展专利分析普及推广及培训。国家知识产权局持续围绕国家重点产业关键技术开展专利分析，广泛吸纳优质社会力量承担课题研究工作，产出契合产业需求、紧扣产业痛点的分析成果并积极推广，为产业创新发展提供支撑。近三年共立题 31 项，30 余家单位 400 余人参与课题研究，出版《产业专利分析报告》22 册，在中国知识产权报、国家知识产权局官方微信公众号发布 10 余项成果报告。同时，国家知识产权局依托项目课题成果举办专利分析方法培训，近三年共计开展公益培训 24 期，培养专利分析人才 4200 余人，充分发挥出该项目的示范引导作用，有效提升企业、科研院所等创新主体的专利情报分析能力，如图 3 – 15 所示。

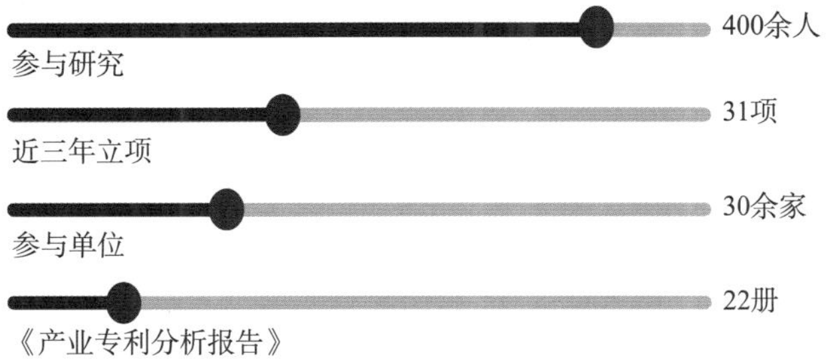

图 3 – 15 积极开展专利分析普及推广

四是集合资源优势，打造知识产权公益讲座。国家知识产权局通过公益讲座平台打造跨时空知识产权课堂，传播知识产权基本知识与技能，提供知识产权普及教育的均等机会。2017～2019年，已成功举办209期公益讲座，培训社会公众112384人次，其中，国内社会公众111409人次，遍及31个省（区、市），国外公众975人次，遍及23个国家或地区，受到社会公众的广泛认可与赞誉。近三年来，国家知识产权局持续丰富授课内容、不断强化师资力量、逐步优化学习平台功能、加大宣传推广力度，使公益讲座在内容层次上做到意识启蒙、基础知识、实务技能、高端讲堂全覆盖；在课程结构上做到专利创造、运用、保护、管理、服务全覆盖；师资队伍配置持续优化，建立教师选拔机制、建立公益讲座师资库，打造高水准的公益讲座师资队伍；在学习平台功能上实现网络视频同步直播和异地网络协同授课，可使用电脑及手机等智能终端收看直播、全天候点播讲座视频等；在信息宣传与反馈上实现公益讲座信息在国家知识产权局政府网站及微信公众号、微信群等新媒体上发布，与多部门合作精准定向推送，探索运用传统媒体宣传推广公益讲座成果，建立听众咨询问题跟踪机制并优化听众需求与意见反馈渠道。

2019年，国家知识产权局采取多项措施进一步提升公益讲座水平。一是内容紧贴社会公众需求，助力提质增效，以帮助公众准确理解专利审查业务、提升专利申请质量为着力点，设计“大学生创业就业中的专利基础”“产业专利分析”“专利复审与无效”等专题，围绕专利申请实务、审查标准与流程、专利运用及保护案例等社会公众强烈关注的内容进行授课。二是紧跟知识产权法律法规政策发展动向，协调知识产权法律法规政策制定部门向社会公众解读知识产权法律法规政策的新概念、新内容；其中，“中国商标法律制度及最新进展”“2019年《专利审查指南》修改介绍”等课程的直播参与人次创造了历史新高。三是优化宣传渠道与服务平台，通过政府网站、公益讲座在线学习平台、微信公众号等方式为公众提供公益讲座信息和专利文献服务，满足公众在线学习和互动交流的需求；及时在政府网站发布公益讲座课程信息与报名信息，按期在学习平台整理并发布讲座课程视频，按期发布微信公众号图文信息、回复处理公众留言、进行后台数据分析。四是不断加强合作，提升服务效果，国家知识产权局相关部门共同承办“中小学知识产权教育课堂”，为北京市大兴区第六小学师生讲授“走近知识产权”课程；积极向地方知识产权保护中心、知识产权维权中心、代理师协会、国家知识产权创意产业试点园区推送微信公众号和课程信息，帮助全国各地知识产权公共服务机构充分利用公益讲座平台，为区域创新主体提供公益服务。如图 3－16 所示，2019 年国家知识产权局公益讲座共包括 22 个专题、69 期课程，来自全国 31 个省级行政区域以及美国、新加坡、日本、菲律宾、英国、德国等 15 个国家或地区近 5 万人次的社会公众在现场或者通过网络课堂参加公益讲座，相比 2018 年同期增加 43.3%。

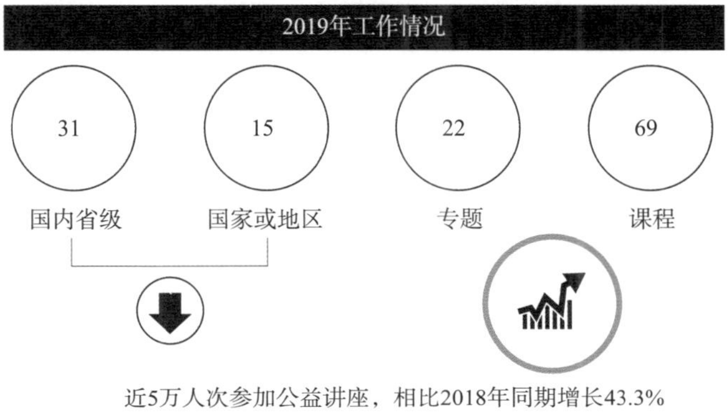

图 3－16　2019 年国家知识产权局开展公益讲座分布

五是打造立体宣传阵地，开放知识产权文化展厅。国家知识产权局依托知识产权陈列馆、专利展示厅、影响世界的专利长廊打造“三位一体”的知识产权文化宣传阵地，向国内外讲好中国故事，传播好中国声音，全面、生动、真实地展现中国知识产权领域的发展与成就，提升中国知识产权领域的国家软实力和影响力。近三年来，知识产权文化展厅累计接待国内外来宾约 90 批次 2120 人次。2019 年，知识产权文化展厅整理挖掘现有资源，汲取国家知识产权局内优势资源，多部门联动更新改建知识产权陈列馆，同时加强讲解志愿者队伍建设，完善展厅宣传讲解内容，优化展厅宣传讲解方法，规范展厅宣传讲解流程，提升展厅文化宣传讲解水平。成功开展 4·26 知识产权开放日活动，全年累计接待国内来宾 27 批次 690 人次，国外来宾 10 批次 100 人次。

5. 加强公益咨询等基础性公共服务

国家知识产权局文献服务大厅运用互联网思维，打造便民服务平台，深化“互联网＋专利文献”的服务模式，推动线上与线下服务的衔接融合，提供高质量的专利文献信息服务，优化公众服务体验，提高窗口服务质量，提升窗口服务效能。近三年来，年均接待来馆公众 465 人次，来馆或电话咨询年均 1062 次，网络咨询台年均答疑 914 条问题、年均累计 27 万字，委托检索年均 606 人次，如图 3－17 所示。

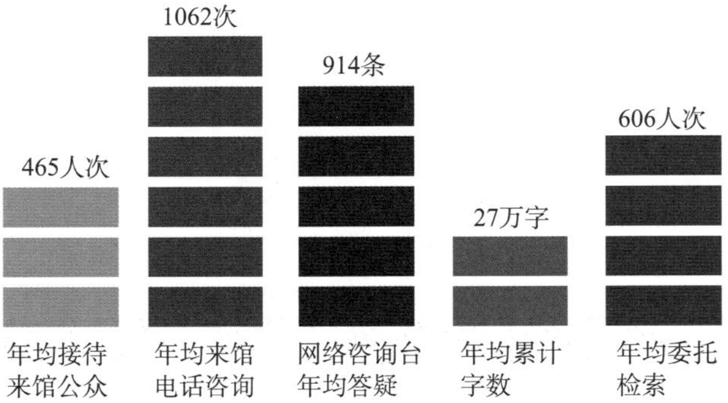

图 3－17　2017～2019 年国家知识产权局开展基础性公共服务统计

2019 年，国家知识产权局文献服务大厅进一步加强文献窗口服务，打造“一体化”的服务窗口，切实解答公众疑惑，优化公众服务体验。全年累计共接待来馆公众 337 人次，通过邮件、电话服务读者 2499 人次，网络咨询台答疑 500 余条，超 16 万字。提供给读者现场打印、转存或发送的文献有 2476 件，近 5 万页。服务得到了线下线上公众的一致好评。

国家知识产权局坚持围绕“服务有起点，满意无止境，打造专家型队伍”的理念和目标，充分发挥公众咨询服务联系广大申请人及社会公众的重要桥梁和纽带的作用。国家知识产权局咨询电话以呼叫中心为平台，在法定工作时间内提供人工咨询服务，非工作时间及节假日提供自动语音咨询服务。呼叫中心拥有一支具有扎实的法律知识、专利知识及丰富的咨询服务经验的专家队伍；具有基于 IP 技术的统一呼叫服务信息融合系统，并拥有专利电子审批系统中已公开的专利信息数据，为提供优质专利咨询服务提供了保障。据统计，近三年社会公众咨询电话呼入量约 387.77 万通，日均约 5193 通。其中，2019 年社会公众咨询电话呼入量约为 168.81 万通，人工接听 114.85 万通，日均电话量约 6752 通，如图 3－18 所示。

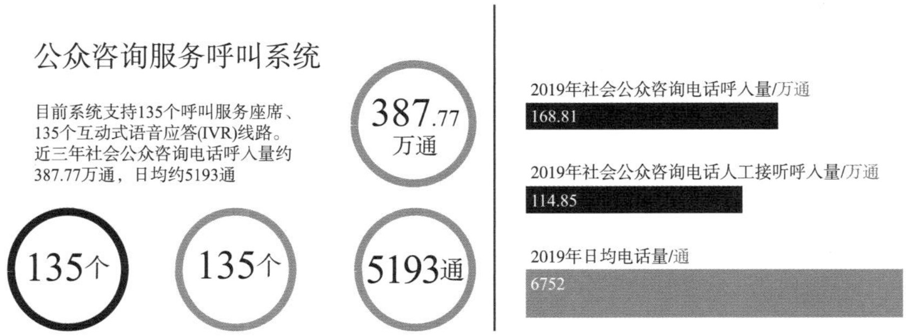

图 3－18　国家知识产权局公众咨询服务平台建设成果

3.1.2　省市知识产权信息公共服务节点建设进展

各省市知识产权信息公共服务节点，通过辐射各层各类社会信息服务网点，构建立体化、多层级的区域知识产权信息公共服务体系，为所在区域提供知识产权信息公共服务。2019 年，各省市不断深化地方知识产权信息公共服务体系建设，积极为政府机构、社会公众和各类创新主体提供便利高效的知识产权信息公共服务，有力地发挥了主干网络的服务主渠道作用。

3.1.2.1　省市知识产权信息公共服务节点建设概况

根据《关于新形势下加快建设知识产权信息公共服务体系的若干意见》的部署，各省（区、市）知识产权管理部门统筹本地知识产权信息公共服务体系建设，建设省级知识产权信息公共服务主干网络，强化公共服务机构职能，发挥地区知识产权信息公共服务节点作用；指导各地市知识产权管理部门积极争取地方党委政府的支持，组建地市级综合性知识产权信息公共服务机构；支持有条件的县（市、区）设立知识产权信息公共服务机构；引导各类产业园区、试验示范区、服务业集聚区等设立知识产权信息公共服务机构，为社会公众和创新创业主体提供便民利民的专业化知识产权信息公共服务。如图 3－19 所示，目前全国有 42 个副省级以上省市设立了信息公共服务机构，占比达到 91%；地市级设立综合性知识产权公共服务机构的比例为 23% 左右。

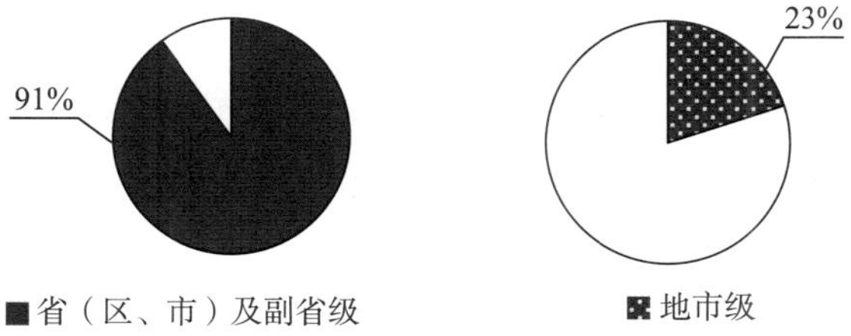

图 3－19　我国知识产权信息公共服务主干网络建设情况分布

省级层面知识产权信息公共服务机构是全国知识产权信息公共服务体系中的中坚力量，发挥着承上启下、带动全局的作用。省级层面知识产权信息公共服务的职能主要由各省（区、市）知识产权管理部门所属部门和企事业单位承担。省级知识产权信息公共服务机构主要负责知识产权政策和信息知识普及，提供基本的检索分析服务以及开展相应的技能培训；为政府、产业主管部门和创新主体提供知识产权信息统计和分析服务；根据本省（区、市）经济社会发展需求建设和运维知识产权专题数据库；自主开发建设专业化、定制化的知识产权信息应用工具；指导下级知识产权信息服务节点业务开展；指导和帮助辖区内企业利用知识产权信息，促进企业、产业园区与专业化服务机构之间的对接交流；提供专业化检索、专利预警、技术发展趋势分析、专题库研发等高端知识产权信息服务；根据委托对本地区重大项目进行知识产权分析、跟踪和评议等。我国主要的省级、副省级行政区域知识产权信息公共服务机构基本信息如表3－4所示。

表3－4　我国省级、副省级行政区域知识产权信息公共服务机构名单

行政区域	机构名称	地址	联系电话
北京市	北京市知识产权信息中心	北京市海淀区知春路23号量子银座209（100191）	010－82356446－808
天津市	天津市知识产权服务中心	天津华苑华天道6号海泰信息广场G座1楼（300384）	022－23039879
河北省	河北省专利信息服务中心	河北省石家庄市高新区黄河大道136号科技中心1号楼406－409室	0312－3917258
山西省	山西省知识产权技术服务中心	山西省太原市杏花岭区府西街29号	0351－4068300
内蒙古自治区	内蒙古自治区知识产权公共服务中心（内蒙古自治区知识产权研究会）	内蒙古呼和浩特市赛罕区昭乌达路70号内蒙古科技大厦	0471－4953596
	内蒙古知识产权服务中心	呼和浩特市赛罕区山丹街2号	0471－6922431
辽宁省	筹建中	—	—
吉林省	吉林省专利信息服务中心	长春市东南湖大路1088号	0431－89634099
黑龙江省	黑龙江省专利信息服务中心	哈尔滨哈尔滨市松北区创新三路600号8层（150028）	0451－51920589

续表

行政区域	机构名称	地址	联系电话
上海市	上海市知识产权服务中心	上海市漕宝路 650 号（桂平路口）桂林高智科技大厦东幢 2 楼（200233）	021－52288200
江苏省	江苏省专利信息服务中心	江苏省南京市汉中门大街 145 号江苏省政务服务中心二期六楼	025－83238218/025－83279968
浙江省	浙江省专利信息服务中心（浙江省知识产权研究与服务中心）	杭州市滨江区丹枫路 399 号知识产权大厦 1 号楼 4 层	0571－87009158
安徽省	安徽省专利信息服务中心	合肥市紫云路 996 号	0551－65325719
福建省	福建省知识产权发展保护中心	福州市湖东路 7 号	0591－87810907
江西省	江西省陶瓷知识产权信息中心（国家知识产权局江西省专利信服务中心）	景德镇市珠山区新厂街道陶阳南路 27 号景德镇陶瓷大学（老校区）	0798－8499727
山东省	山东省专利信息服务中心	山东省济南市历下区经十东路 157 号	0531－88198580/88198599/88198560
河南省	河南省知识产权事务中心	郑州市花园路 21 号河南省市场监督管理局花园路南区 8 层	0371－68886695
湖北省	湖北省知识产权发展中心	武汉市武昌区广八路 8 号	027－87642477
湖南省	湖南省知识产权信息服务中心	湖南省长沙市潇湘中路 113 号（410006）	0731－88852600
广东省	广东省知识产权保护中心	越秀区先烈中路 100 号 60 栋 9－12 层、黄埔区科学城科学大道 182 号创新大厦 C3 1－3 层	020－32210167
广西壮族自治区	广西壮族自治区专利信息服务中心	广西南宁市云景路 32 号 14 楼 1405 号房（530022）	0771－2093662
海南省	筹建中	—	—
重庆市	重庆市专利信息服务中心	重庆市江北区五简路 9 号 21 楼	023－67513522

续表

行政区域	机构名称	地址	联系电话
四川省	四川省知识产权服务中心（四川省专利信息服务中心）	成都市高新区天府五街200号菁蓉汇7栋5楼	028－86058621
贵州省	贵州省知识产权信息公共服务中心（筹建中）	—	—
云南省	云南省专利信息服务中心	昆明市日新东路376号（650228）	0871－64567993
陕西省	中国（杨凌）农业知识产权信息中心	西安市雁塔区丈八一路旺都D座	029－81101903
	陕西省知识产权服务中心	西安市雁塔路南段99号710056	029－85544098
西藏自治区	筹建中	—	—
甘肃省	甘肃省知识产权保护中心（甘肃省专利信息服务中心）	兰州市雁滩高新开发区雁南路联创广场B座4层	0931－8556817
青海省	青海省专利信息服务中心	青海省西宁市新宁路4号（810008）	0971－6107091
宁夏回族自治区	宁夏回族自治区知识产权服务中心	宁夏银川市金凤区北京中路106号	0951－5672271
新疆维吾尔自治区	新疆维吾尔自治区知识产权服务促进中心	乌鲁木齐市经济技术开发区（头屯河区）喀纳斯湖北路455号G1栋6楼	0991－3773506
新疆生产建设兵团	新疆生产建设兵团知识产权信息中心	石河子市北四路221号石河子大学图书馆	0993－2057087
大连市	大连市专利信息服务中心（隶属于大连市市场监管事务服务中心）	大连市沙河口区中山路581号	0411－84358363
宁波市	中国（宁波）知识产权保护中心	宁波市高新区扬帆路999弄研发园区B3号楼6楼	0574－87978954
厦门市	厦门市知识产权信息公共服务中心	厦门市虎园路2号	0592－2022012

续表

行政区域	机构名称	地址	联系电话
青岛市	青岛市专利代办处（青岛市知识产权事务中心）	青岛市银川东路 9 号崂山湾大厦 14 层	0532－68066557
深圳市	中国（深圳）知识产权保护中心（深圳国家知识产权局专利代办处）	中心：深圳市前海桂湾四路深港基金小镇 33 栋；代办处：深圳市南山区学府路软件产业基地 4 栋 C 座 6 楼	中心：0755－86268087 代办处：0755－26617303
哈尔滨市	哈尔滨市知识产权服务中心（中国（哈尔滨））知识产权维权援助中心	哈尔滨市道里区新阳路 259 号（150010）	0451－84615425
长春市	长春市专利信息服务中心	吉林省长春市朝阳区东民主大街 322 号	0431－88987753
长春市	中国（长春）知识产权维权援助中心	长春市景阳大街 1199 号	0431－88500118
沈阳市	中国（沈阳）知识产权保护中心	沈阳市和平区三好街 96 号	024－23897714
济南市	济南市知识产权信息中心	济南市历下区龙鼎大道 1 号龙奥大厦 8 楼 F 区	0531－66608877
南京市	中国（南京）知识产权保护中心（南京市知识产权维权援助中心）	南京市浦口区团结路 98 号扬子科创中心 B 座 18 楼	025－58188227
杭州市	杭州市知识产权服务中心	杭州市凤起东路 109 号	0571－86435465
武汉市	中国（武汉）知识产权保护中心	武汉江汉区发展大道 164 号武汉科技大厦 12 楼	027－65692001
广州市	中国（广州）知识产权保护中心、广州市知识产权信息中心（广州市知识产权维权援助中心）	广州市天河区天河北路 892 号	020－38258583
成都市	成都市知识产权服务中心（成都市知识产权维权援助中心）	成都市武侯区致民东路 6 号	028－63907645
西安市	中国（西安）知识产权保护中心（西安市知识产权保护中心）	西安市未央区凤城八路 168 号西北国金中心 B 座 23 层	029－86218501

地市级知识产权信息公共服务机构是全国知识产权信息公共服务体系主干网络的“神经末梢”，发挥着基层组织的作用。将国家知识产权信息公共服务主干网络向地市级延伸，是新形势对知识产权信息公共服务体系建设提出的客观要求。《关于新形势下加快建设知识产权信息公共服务体系的若干意见》指出，2022 年实现全国 30% 的地级市设立知识产权信息公共服务机构；2025 年实现 50% 以上的地级市设立知识产权信息公共服务机构。地市级知识产权信息公共服务机构的职责任务主要由地市级知识产权管理部门下属综合性知识产权公共服务单位承担。地市级知识产权信息公共服务机构应在地市级知识产权管理部门指导下，组建综合性的服务队伍，针对本地创新主体主动提供知识产权信息查询、政策宣讲、信息利用培训等基础性公共服务，建设符合当地经济社会发展需求的知识产权专题数据库；为当地政府提供知识产权信息统计分析等决策支撑服务；做好长期规划，开展可形成规模效应的知识产权信息传播利用特色化工作，探索形成特色化信息工作内容和机制，推动知识产权公共服务便利化、普及化、精准化，促进知识产权信息与当地产业、科技、经济的深度融合。地市级知识产权公共服务机构如表 3 -5 所示。

表 3 -5　地市级综合性知识产权公共服务机构建设情况[1]

行政区域	建立综合性知识产权公共服务机构的地市级数量/个	地市级综合性知识产权公共服务机构建设情况
北京市	9	2019 年设立了东城区、朝阳区、海淀区、丰台区、石景山区、通州区、大兴区、昌平区、亦庄经济开发区等 9 个知识产权公共服务区中心
河北省	3	石家庄市、唐山市、保定市
山西省	2	太原市知识产权技术服务中心、吕梁市知识产权保护中心
内蒙古自治区	5	呼和浩特市知识产权服务中心、包头市知识产权管理服务中心、通辽市高新专利服务中心、赤峰市知识产权事务管理中心、兴安盟知识产权服务中心

[1] 未建立综合性知识产权公共服务机构的省（区、市）本表未列出。

续表

行政区域	建立综合性知识产权公共服务机构的地市级数量/个	地市级综合性知识产权公共服务机构建设情况
吉林省	2	吉林省专利信息服务中心辽源分中心、吉林省专利信息服务中心延边工作站
江苏省	10	无锡（国家）外观设计专利信息中心、江苏（无锡）知识产权维权援助中心、中国（江苏）知识产权维权援助中心徐州分中心、中国（常州·机器人及智能硬件）知识产权保护中心、常州市知识产权维权援助中心/中国（常州）知识产权维权援助中心、苏州市知识产权保护中心、江苏省专利信息服务中心苏州分中心、中国（南通）知识产权维权援助中心、中国南通（家纺）知识产权快速维权中心（南通市通州区川姜镇家纺城管理委员会）、中国（江苏）知识产权维权援助中心连云港分中心、淮安市知识产权维权援助中心、盐城市科学技术情报研究所/盐城市科技信息服务中心/国家知识产权局区域专利信息服务（南京）中心盐城分中心、盐城市生产力促进中心、扬州市知识产权维权援助服务中心、江苏宿迁技术交易服务中心、宿迁市知识产权维权援助中心
安徽省	4	安徽省专利信息服务（淮南）中心、区域专利信息服务（南京）中心马鞍山分中心、芜湖皖江知识产权运营中心、铜陵市专利信息服务中心
福建省	2	福州市知识产权维权援助中心、泉州市知识产权维权援助中心
江西省	5	江西理工大学知识产权培训基地、江西省维权援助与举报投诉九江分中心，中国景德镇（陶瓷）知识产权快速维权中心，中国（南昌）知识产权保护中心、南昌仲裁委员会知识产权仲裁中心、中国（南昌）知识产权维权援助中心，江西省维权援助中心抚州分中心
山东省	12	淄博、枣庄、东营、烟台、潍坊、泰安、济宁、威海、日照、临沂、德州、聊城等 12 市设立了知识产权事业发展中心（保护中心、综合服务中心）等从事公共服务工作机构
湖北省	2	襄阳市知识产权发展中心、荆门市知识产权服务中心

续表

行政区域	建立综合性知识产权公共服务机构的地市级数量/个	地市级综合性知识产权公共服务机构建设情况
湖南省	10	湖南省知识产权综合服务益阳分中心、湖南省知识产权综合服务宁乡分中心、湖南省知识产权综合服务常德高新技术产业开发区分中心、湖南省知识产权综合服务常德经济技术开发区分中心、湖南省知识产权综合服务娄底分中心、湖南省知识产权综合服务郴州分中心、湖南省知识产权综合服务衡阳分中心、湖南省知识产权综合服务怀化分中心、湖南省知识产权综合服务湘潭分中心、湖南省知识产权综合服务永州分中心、湖南省知识产权综合服务株洲高新技术产业开发区分中心
广东省	2	佛山市知识产权保护中心、东莞市知识产权保护中心
四川省	5	绵阳市知识产权促进服务中心、德阳市知识产权服务中心、宜宾市知识产权服务促进中心、乐山市知识产权服务促进中心、眉山市市场监管局知识产权中心

3.1.2.2　各省市知识产权信息公共服务工作情况

各省市通过进一步完善辖区内知识产权信息公共服务体系建设，积极推进地方知识产权公共服务平台建设，不断提升知识产权信息传播利用能力，有力地保障了区域知识产权信息公共服务工作的有效开展。

第一，各省市知识产权信息公共服务体系逐步完善，服务能力全面提升。

2019 年，各省市通过全面加强知识产权信息公共服务体系建设，不断规范知识产权信息服务环境，转变知识产权信息公共服务方式以推进区域管理创新，推动信息公共服务能力全面提升。地方知识产权信息公共服务体系建设总体上呈现出以下特点。

一是不断健全“立体化、全方位”的知识产权信息公共服务体系。各省市在注重顶层设计的同时抓主干服务网络铺设，面向重点产业和新兴领域的中小微企业进行一系列服务机制创新，不断改进并推出管理政策与规划，开展了“立体化、全方位”的知识产权信息公共服务体系结构改革与完善。例如，北京市积极探索建立知识产权全要素协作机制，进行一系列体制机制创新，初步构建了面向社会的覆盖知识产权信息服务、知识产权保护、知识产权运营等内容的知识产权公共服务体系；加强“三城一区”和中关村“一区十六园”知识产权信息公共服务，将知识产权信息公共服务下沉到各个创新创业载体，推动知识产权服务向高端化方向发展。河北省坚持目标导向，推动知识产权信息公共服务体系建设从“多领域”向“全领域”覆盖，始终把服务体系建设作为推进知识产权信息公共服务均等化的基础和保障，紧紧围绕“全领域覆盖”这一目标，按照“省、市、县联动，产、学、研互动”的总体思路，通过对主干网络和服务网点的建设，公共服务的供给能力显著增强。江苏省把加强知识产权信息公共服务体系建设作为知识产权强省建设的重要战略性任务之一，不断加强和完善知识产权信息公共服务的顶层设计；制定出台《江苏省知识产权服务能力提升工程实施意见》等系列政策文件，明确知识产权信息公共服务的发展方向和内容标准，强化政策引领作用。

二是努力构建“规范化、持续化”的知识产权信息服务管理机制。各省市在完善知识产权服务管理制度的同时，通过严格监管知识产权服务机构，推动知识产权信息服务的规范化；通过加强品牌服务机构培育，进一步为社会公众和各类创新主体提供高质量、可持续的知识产权信息服务。例如，天津市开展品牌知识产权服务机构培育工作，研究制定知识产权服务机构培育方案，加大先进省市知识产权服务机构引进力度，鼓励京津冀高端服务机构来津开展知识产权业务；同时加强专利代理行业监管，进一步规范专利代理行为，加快知识产权信息服务聚集化、专业化、规范化发展。山西省加强对商标、专利代理机构的监管，构建规范有序的商标、专利代理市场，培育知识产权信息服务品牌机构。内蒙古自治区进一步完善知识产权信息服务市场法规和监管体制，规范市场秩序，加强知识产权服务企业信用体系建设，构建统一开放、竞争有序的市场体系，在全区开展为期两年的“蓝天”专项整治活动，同时还进一步建立和完善知识产权服务机构评价体系，促进知识产权信息服务规范化发展。

三是陆续转向“多层次、全链条”的知识产权信息公共服务模式。各省市积极响应国家“放管服”改革的要求，简化服务流程以实现高效便民，面向创新主体需求加快转变职能，推动知识产权服务从“单链条”向“多层次、全链条”转变，通过公益宣传和供需对接促进知识产权成果转化，实现服务模式的创新。例如，北京市全面梳理现有知识产权公共服务工作职能和各级知识产权公共服务信息系统，理清现有的公共服务产品及支撑体系，综合专利、商标、地理标志等公共服务事项，统筹做好知识产权创造、运用、保护、管理、服务全链条的公共服务。河北省坚持改革导向，以“简环节、优流程、转作风、提效能、强服务”为重点，推动“放管服”改革从“单环节”向“全链条”深化。江苏省围绕企事业单位对知识产权服务的基本需求，大力建设知识产权公共服务载体，逐步形成了覆盖知识产权创造、运用、保护、管理等全链条的公共服务体系。福建省将“知创福建”平台建成知识产权公共服务包业务推广中心、知识产权保护响应中心等10个功能服务区，将创新主体、普通公众和政府管理部门、知识产权服务机构、行业协会等有机联结，打造集知识产权申请、受理、许可、维权、评估、抵押、担保、融资、交易、监控、管理、法律援助、宣传培训等一站式、综合性载体平台，面向社会提供便民利民的知识产权全周期、全链条、全领域公共服务。山东省实施“春笋行动计划”，重点推出对初创期的创新型中小企业进行跟踪帮扶，向企业提供包括知识产权创造、运用、保护等全链条的综合服务。

第二，各省市知识产权公共服务平台稳步推进，服务效果持续优化。

各省市将自身知识产权公共服务平台作为知识产权信息公共服务体系的重要支撑和知识产权信息传播利用的重要基础，通过不断完善并拓展知识产权公共服务平台功能，实现了知识产权公共服务平台的平稳运行、服务功能与效果的持续优化。2019年，各省市的知识产权公共服务平台建设平稳进行，并在服务功能上不断拓展优化。如图3－20所示，全国约87%的省（区、市）及副省级以上城市建设有本区域的知识产权公共服务平台；地级市中，建设有公共服务平台的达到了20%左右。

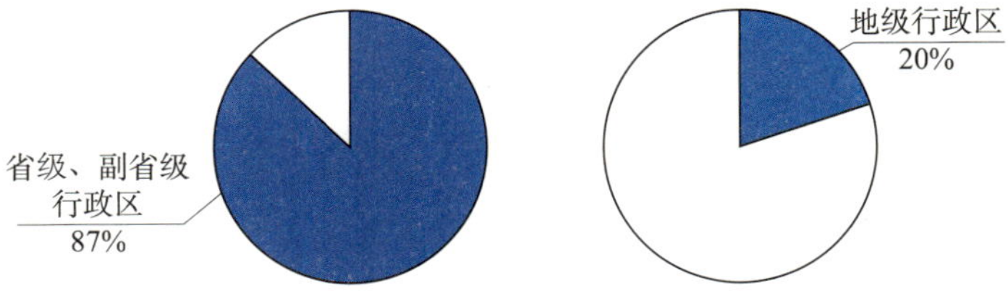

图3－20　省级、副省级和地级知识产权公共服务平台建设分布图

全国副省级以上省市的知识产权公共服务平台如表3－6所示。

表 3-6　省级、副省级行政区域知识产权公共服务平台汇总

行政区域	服务平台	网址
北京	北京市知识产权公共信息服务平台	http://www.beijingip.cn
天津	知服网	http://www.ipstj.cn/zfw/zfw/index.htm
	新一代地方专利检索及分析系统	http://60.28.62.182/pubsearch
河北	河北省知识产权公共信息综合服务平台	http://www.hebippd.org.cn
山西	新一代地方专利检索及分析系统	http://218.26.228.210:8030/pubsearch
内蒙古	内蒙古知识产权公共服务平台	http://www.nmipc.com
辽宁	辽宁省知识产权公共服务平台	https://www.lnipp.cn/
	新一代地方专利检索及分析系统	http://www.lnipsa.com
吉林	吉林省专利信息服务平台	http://jlzscqxx.org.cn/
	新一代地方专利检索及分析系统	http://111.26.223.89:9000/pubsearch
黑龙江	黑龙江省知识产权公共服务（运营）平台	http://hlipa.hlj.gov.cn:8099
	新一代地方专利检索及分析系统	http://hlipa.hlj.gov.cn:8098
上海	上海知识产权（专利）公共服务平台	http://www.shanghaiip.cn
江苏	江苏省知识产权公共服务平台	http://www.jsipp.cn
	新一代地方专利检索及分析系统	http://search.jsips.org.cn
浙江	浙江省知识产权（专利）公共服务平台	http://www.zjip.org
安徽	安徽省知识产权信息平台	http://www.ahips.cn
	新一代地方专利检索及分析系统	http://60.166.52.165:8030/pubsearch
福建	知创中国知识产权综合运营公共平台	http://www.zczgip.com
江西	陶瓷知识产权公共服务平台	http://www.ciccip.com/
	江西省知识产权（专利）信息公共服务平台	http://www.jxpisp.com/
山东	山东省知识产权公共服务平台	http://www.sdips.com.cn/
	新一代地方专利检索及分析系统	http://124.128.225.189:8060/pubsearch
河南	河南省知识产权公共服务平台	http://www.hnzl.com
	新一代地方专利检索及分析系统	http://222.143.21.187/pubsearch
湖北	新一代地方专利检索及分析系统	http://119.96.235.241/pubsearch
湖南	湖南省知识产权信息服务平台	http://222.240.166.58/ipsss/
	新一代地方专利检索及分析系统	http://222.240.166.60:8030/pubsearch

续表

行政区域	服务平台	网址
广东	广东省知识产权公共信息综合服务平台	http：//www. gpic. gd. cn/
	新一代地方专利检索及分析系统	http：//prcgds. gpic. gd. cn
海南	新一代地方专利检索及分析系统	http：//pat. ennen. cn
重庆	重庆市技术创新专利导航平台	http：//www. patentcloud. net
	新一代地方专利检索及分析系统	http：//zljs. patentcloud. net
四川	四川省知识产权公共服务平台	https：//www. scipsc. com
	新一代地方专利检索及分析系统	http：//202. 61. 89. 133/pubsearch
贵州	新一代地方专利检索及分析系统	http：//zlxx. gzgs. gov. cn/pubsearch/portal/uiIndex. shtml
云南	云南知识产权服务平台	http：//www. ynsipo. com/web/Default. html
陕西	陕西省知识产权公共服务平台	http：//shaanxi. you－tiao. com
甘肃	甘肃省知识产权（专利）公共服务平台	http：//www. gsip. cn/
青海	青海省中小企业专利信息化服务平台	http：//www. qhzlxx. net
	新一代地方专利检索及分析系统	http：//223. 220. 252. 167：82/pubsearch
宁夏	新一代地方专利检索及分析系统	http：//61. 133. 211. 46：8082/pubsearch
新疆	新疆知识产权公共服务平台	http：//180. 76. 235. 9/
宁波	宁波市知识产权运营公共服务平台	http：//ipop. nbippc. cn
厦门	厦门知识产权运营公共服务平台	http：//www. xmipop. com/portal/main
青岛	青岛市知识产权（运营）公共服务平台	http：//www. qingdaoip. cn
	新一代地方专利检索及分析系统	http：//27. 223. 28. 115：83/pubsearch
深圳	新一代地方专利检索及分析系统	http：//202. 104. 110. 148：8080/pubsearch http：//112. 95. 228. 92：8080/pubsearch
长春	长春市知识产权公共服务平台	http：//www. ccipsp. com
沈阳	沈阳市知识产权公共服务平台	http：//211. 137. 17. 59：89/
	新一代地方专利检索及分析系统	http：//211. 137. 17. 59：8030/pubsearch
济南	新一代地方专利检索及分析系统	http：//124. 128. 84. 48：8080/pubsearch
南京	南京市知识产权运营交易公共服务平台	https：//www. jstec. com. cn/
杭州	新一代地方专利检索及分析系统	http：//183. 134. 212. 25：83/pubsearch
武汉	新一代地方专利检索及分析系统	http：//119. 97. 184. 135：81/pubsearch
广州	广州市知识产权公共服务平台	http：//guangzhouip. gzzlfwpt. cn/
	新一代地方专利检索及分析系统	http：//113. 108. 174. 227/pubsearch
成都	成都市知识产权综合服务信息共享平台	http：//cdip. chengdu. gov. cn/
	新一代地方专利检索及分析系统	http：//61. 157. 78. 21：8040/pubsearch

注：部分省市暂不提供服务平台，本表未列出。

各省市在推进知识产权公共服务平台建设方面呈现出以下特点。

一是全面建设“多功能、多样化”的知识产权公共服务平台。山东省知识产权公共服务平台引进了20余家知识产权服务机构，形成了集专利代办服务、专利信息服务、知识产权大数据服务、知识产权维权援助服务、专利展示交易服务等功能的综合服务集聚区。广州市不断完善重点产业基础数据库建设并融合多方资源打造一站式服务平台，围绕市重点发展产业，整合专利数据资源，形成“7+3+5”的广州市地方专利数据库建设布局。天津市强化“知服网”专利信息公共服务平台建设，完善围绕区域特色产业和重点领域的专利信息服务平台和专题数据库，整合各部门、各机构、各单位的优势资源，为专利信息用户和服务机构提供低成本、便捷化、高质量的专利信息资源和公共服务。

二是高度重视知识产权公共服务平台建设、运行与互动效果。各省市注重及时吸纳用户反馈来判断平台的使用情况。例如，长春市投入120万元建立并完善了长春市知识产权信息服务平台，该平台现拥有中国专利及国外100多个国家超过1亿条专利数据，平台注册用户1200人，年访问量达到10万次，年数据下载量达到2000万条以上。河南省加强了省知识产权公共服务平台建设和推广，全年更新专利文献480余万条，平台访问量12万余人次，利用公共服务平台，为河南省高校和产业创新提供支撑。海南省知识产权综合服务平台1.0版于2018年4月2日试运行，首次利用该平台实现知识产权专项资金项目在线申报，有效提高了项目的申报和审核效率，该平台上线运行以来，半年访问量突破6万人次，全年超过15万人次的访问量。广州市推进“互联网+公共服务”，打造广州市知识产权信息公共服务平台，自2018年4月平台上线运行以来，累计浏览量达24万余人次。

三是积极应用与推广新一代地方专利检索及分析系统。多个省市通过积极推广新一代地方专利检索及分析系统，不断探索提升知识产权信息公共服务效率，对区域知识产权信息公共服务工作和公共服务平台建设起到了示范性、引领性作用。例如，贵州省新一代地方专利检索及分析系统部署试点工作通过了国家知识产权局验收并正式投入运行，贵州省知识产权局积极开展该系统的推广使用工作，发布11期“专利检索及分析系统功能介绍”，在全省9个市州举办推广会，累计培训学员1200多人，为市场创新主体创新活动及知识产权创造、保护和运用提供有力的专利信息支撑。济南市新一代地方专利检索及分析系统服务范围遍及省会城市群经济圈内各市企业，截至目前，共注册用户758人，高级用户331

人；与此同时，济南市积极筹建中国知识产权远程教育济南分站，通过与济南大学、山东女子学院等高校协调沟通，已达成初步建站意向。青岛市承担国家知识产权局新一代地方专利检索及分析系统试点推广，试点工作期间累计培训推广600余人次，发展高级注册用户81个；围绕本区域经济建设和创新主体的需求，完成青岛市海洋领域和橡胶轮胎领域两个自建专题库的建设，提供专利信息服务。

第三，各省市积极推进知识产权信息传播利用，服务水平不断提高。

2019年，各省市通过结合创新主体需求助力产业发展，推动专利、商标、地理标志信息服务融合，并通过开发区域重点产业和新兴领域专利专题数据库等手段，全面推进知识产权信息传播利用工作进程。2019年，各省市在知识产权信息传播利用方面呈现以下特点。

一是结合创新主体需求，开展特色传播利用工作。各省市围绕中小微企业及初创企业等创新主体需求，并紧密结合重点产业新兴产业的发展需求，充分开展特色知识产权信息传播利用工作。例如，辽宁省根据老工业基地创新发展需求，从实践中归纳总结高价值专利挖掘与培育服务模式，并积极在辽宁省相关行业或企业中进行宣传推广。广东省积极面向全省开展专利信息化建设的运用推广，实施“广东省小微企业专利信息推送服务项目”，满足了3000家小微企业个性化需求。武汉市发放数百份《武汉市知识产权信息公共服务需求调查问卷》，及时了解全市企事业单位对专利信息服务工作的需求和建议，促进专利信息的传播与利用；此外，武汉市围绕全市商标品牌建设情况、品牌与区域经济的互动关系等开展了调查研究，梳理分析全市商标品牌的数量、结构性特点及区域和行业分布情况，提升了商标服务科学化水平。

二是开展知识产权信息分析利用，助力产业发展。各省市积极开展专利信息分析工作，围绕主导产业、特色产业、战略新兴产业或针对重大科技攻关、重大科技成果转化项目，开展专利分析、预警、评议工作，寻找技术空白点和风险点指出技术研发方向，结合区域特色助力地区产业发展。例如，天津市每年选取2～4个重点产业进行专利信息检索、分析并提出相关的产业发展建议，通过成果发布带动相关产业、企业的专利信息利用能力。湖南省针对园区特色产业，为常德、望城等园区分别提供了工程机械、轻质合金、广告产业等产业分析报告，将专利优先审查等窗口服务延伸至园区，使得企业获得本地化服务。四川省根据省委提出的“5+1”产业发展布局，组织开展了电子信息、装备制造、食品饮料、先进材料、新能源化工 5 个产业的专利导航，形成了 5 个产业的专利导航分析报告，为产业发展提供决策参考。宁夏回族自治区积极履行“专利信息的检索分析与研究利用”的法定职能，指导中小微企业利用专利信息检索平台进行科研开发和侵权判定，让企业和发明人能够更加有效地利用专利信息。

三是开发“产业化、区域化”的知识产权专题数据库。各省市围绕本区域的重点产业和新兴领域，加强知识产权大数据的统筹利用，大力支持企业构建专利专题数据库，提升并拓展知识产权公共服务平台对政务和企业服务的水平和能力。如图 3－21 所示，当前各省市知识产权（专利）专题数据库的建设主要集中在生命科学、新材料、信息网络、高端装备制造、空天海洋等领域。例如，江西省进一步完善“江西省十大战略性新兴产业专利专题数据库”建设，建设了部分重点企业以及高校专利信息管理服务平台，从而构建一系列特色产业专利数据库。广西壮族自治区建设中国－东盟知识产权大数据平台，推动知识产权国际交流合作，初步完成中国－东盟知识产权大数据平台的功能规划、栏目设置、数据搜集及平台建设等工作，完成印度尼西亚、新加坡、马来西亚、菲律宾、泰国等 5 国专利数据及政策法规信息的整合并翻译成英文，完成国内及广西壮族自治区主要高校专利数据库建设。广东省围绕产业与区域特点、重点产业及战略性新兴产业的发展方向，建设并完善了专题专利数据库累计 62 个，包括重点产业行业专利数据库 13 个，战略性新兴产业专利数据库 34 个，地方特色行业专利数据库 15 个；广东省一系列子平台及专题数据库的建设与完善，大大缩短了用户对专利信息获取的时效，对于推动技术创新能力和水平建设起到了积极作用。

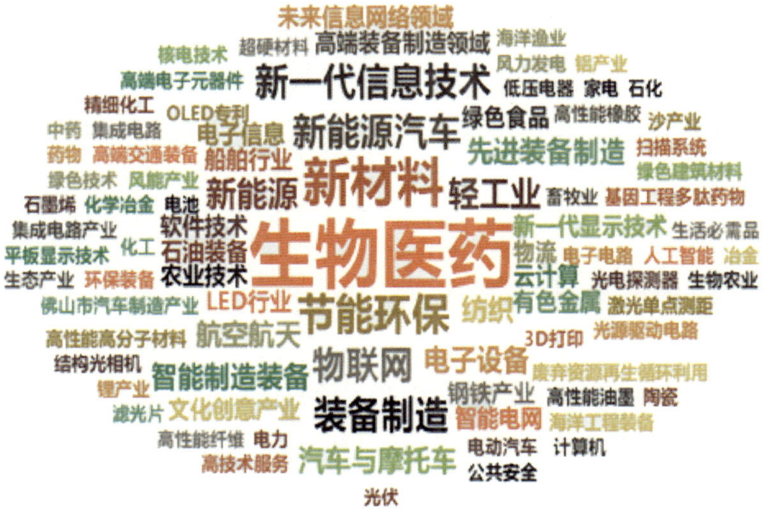

图 3－21　各省市专题数据库类型分布图

四是推动专利、商标、地理标志信息服务融合。各省市整合专利、商标、地理标志服务资源，建设和完善知识产权“一站式”服务体系，进一步挖掘和发挥知识产权服务窗口“受理”“咨询”和“传播”的作用。例如，上海市实现专利信息公共服务平台与上海市科技创新公共服务平台、上海市征信公共服务平台互联互通，正在推进集专利、商标、版权信息服务为一体的上海市知识产权信息公共服务平台建设。江苏省整合专利、商标、版权、地理标志、集成电路布图设计等知识产权数据，向全省企业免费开放数据检索分析功能，实现基本数据供给均等化。湖北省知识产权局与省政府门户网站、荆楚网等通力合作，开辟“品牌湖北”专栏，公众只需通过登录湖北省人民政府门户网站和荆楚网即可进入了解商标品牌最新政策、在线申请商标、地理标志产品等。

五是多种方式推动传播利用人才培养。各省市知识产权管理部门广泛组织开展知识产权信息传播利用相关培训，提升相关从业人员和创新主体的知识产权信息利用能力；开展知识产权业务技能培训，夯实知识产权信息服务人才队伍基础。例如，山东省采取线上线下相结合的方式，加大专利信息培训力度；线上，全省共开设知识产权远程教育培训班 38 个，公益讲座共计开展培训 44 次，接受培训人员千余人次，目前山东省各地区开展公益讲座分课堂达到 14 个；线下，先后在济南市、青岛市举办了“专利实务二级”“山东省专利信息传播利用培训班”，各市局专利信息工作人员、站点、专利文献服务网点、创新主体、专利信息服务机构等合计 5700 余人参加了培训。吉林省高度重视专利信息分析利用培训工作，为促进医药领域专利信息传播利用工作，开展了全省医药领域专利信息推进培训，来自全省相关单位的代表共 210 人参加了培训。黑龙江省借助高校院所积极培养知识产权专业人才，在原哈尔滨金融学院的基础上，拓展了哈尔滨理工大学、大庆师范学院、黑河学院的学科建设工作，进一步拓宽知识产权人才培养渠道。

3.2 加强服务网点建设

知识产权信息公共服务网点是全国知识产权信息公共服务体系建设的重要组成部分。公共服务网点的布局与建设是实现便民利民功能的重要环节，对完善我国知识产权信息公共服务体系，提高知识产权信息服务质量具有重要意义。知识产权信息公共服务网点有助于扩展知识产权信息公共服务体系的横向服务面，推动知识产权信息服务与教育、知识、文化传播、产业经济发展紧密结合，更有针对性地为社会公众与创新主体传递知识产权信息，提升知识产权信息公共服务的经济价值和社会价值。

知识产权信息公共服务网点由知识产权系统外的高校知识产权信息服务中心、科研情报机构、高新区与产业园区知识产权信息服务工作站、图书馆、行业组织、社团组织等相关知识产权信息服务机构组成，如图 3－22 所示。知识产权信息公共服务网点主要面向特定领域或特定行业开展知识产权信息服务，配合知识产权主干网络向社会提供基础性知识产权服务和部分高端定制性服务，是承载体系建设的服务终端的重要组成部分，依托和补充主干网络，加强知识产权公共服务的供给。

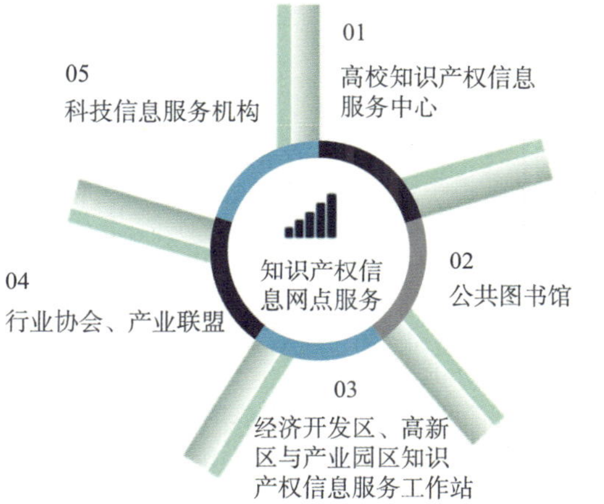

图 3－22　当前知识产权信息公共服务网点主要类型

3.2.1　高校国家知识产权信息服务中心建设进展

高校在我国国家创新体系中具有重要地位，是科技创新的重要主体，具有知识生产和知识传播的双重责任，做好高校知识产权信息公共服务工作有着极为重要的意义。为提升高校知识产权信息服务能力和水平，完善知识产权信息公共服务网络，国家知识产权局、教育部于 2017 年底联合制定印发了《高校知识产权信息服务中心建设实施办法》；2019 年，国家知识产权局、教育部联合遴选确认了首批 23 家高校国家知识产权信息服务中心❶，如表 3－7 所示。在地区分布上，

❶　国家知识产权局办公室教育部办公厅关于公布首批高校国家知识产权信息服务中心名单的通知［EB/OL］.［2019－12－26］. http：//www. sipo. gov. cn/gztz/1136548. htm.

北京市有4家，上海市、广东省和黑龙江省各有2家，江苏、浙江等地各有1家，如图3-23所示。

表3-7　高校国家知识产权信息服务中心分布

所在省（区、市）	学校	地址	主要服务事项
北京	北京大学	北京市海淀区颐和园路5号	开展知识产权信息素养培训、知识产权信息咨询、知识产权信息及相关数据文献收集整理、北京大学专利竞争力分析、高新技术发展态势分析等服务，支持学科建设和科研创新，普及师生知识产权信息知识及技能，辅助知识产权转移转化
	北京交通大学	北京市海淀区西直门外上园村3号	提供面向师生的专利信息检索培训服务，开展专利研发前的检索分析，为促进学校产学研协同创新、提升自主创新能力、提升专利研发质量和促进科技成果转移转化等提供更优质的服务
	北京科技大学	北京市海淀区学院路30号	加强资源和信息分析工具建设，开展多种专利信息服务，凭借着资源优势，着力挖掘现有人才队伍，努力为高校知识产权的创造、运用、保护和管理提供全流程的服务
	清华大学	北京市海淀区清华园1号	提供知识产权信息数据的收集、整理与分析等知识产权信息服务；配合学校学科建设，提供重大科研项目的知识产权信息支撑服务；承担知识产权相关信息培训，开展知识产权信息素养教育；承担学校各级知识产权管理部门委托的其他工作
河北	河北工业大学	天津市北辰区西平道5340号	面向学校、辐射社会科研院所及企业，针对知识产权的创造、运用、保护和管理提供全流程的信息服务
辽宁	大连理工大学	辽宁省大连市甘井子区凌工路2号	专利素养教育、学校年度专利分析、学校引进人才专利评估评价等全方位服务，为学校知识产权重大事务和决策提供咨询、建议

续表

所在省（区、市）	学校	地址	主要服务事项
吉林	东北师范大学	吉林省长春市人民大街 5268 号	承接大型知识产权培训服务；提供专利的检索与查新服务；开展知识产权素养教育和专利申请的指导教学；开展知识产权线上、线下宣传与推广；探索专利分析、专利布局、专利导航业务等深层次服务；建设企业服务平台，为吉林省中小企业提供低成本的知识产权信息服务
黑龙江	哈尔滨工业大学	黑龙江省哈尔滨市南岗区西大直街 92 号	依托图书馆原专利服务中心，为学校创新创业教育、科研项目研究以及科技成果管理提供个性化的知识产权教学培训、信息检索分析、专利代理、专利查新等服务
	东北林业大学	黑龙江省哈尔滨市香坊区和兴路 26 号	以学校为主面向黑龙江省开展知识产权信息素养教育，宣讲普及知识产权信息知识及技能等培训工作，开展知识产权申请、专利检索与查新、专利分析预警以及知识产权评议等知识产权信息服务工作，开展知识产权学科建设和教学等工作
上海	上海交通大学	上海市东川路 800 号	以学校师生需求和地方经济建设需要为牵引，综合建设、管理、挖掘、利用知识产权信息，为学校创新人才培养、学科建设、科研布局、协同创新、管理决策以及成果转移转化提供高质量、有成效的知识产权信息服务
	同济大学	上海市四平路 1239 号	为同济大学知识产权的创造、运用、保护和管理提供全流程的服务，支撑同济大学协同创新和优势学科建设，促进同济大学科技成果转化
江苏	南京工业大学	南京市江北新区浦珠南路 30 号	提高知识产权信息资源开发利用水平，服务江苏地方经济发展，为知识产权的创造、运用、保护和管理提供全流程的服务；并结合学科优势，支撑高校协同创新和优势学科建设，促进高校科技成果转化

续表

所在省（区、市）	学校	地址	主要服务事项
浙江	宁波大学	浙江省宁波市江北区风华路818号	为学校知识产权管理体系建立、知识产权重大事务和重大决策提供咨询、建议，参与学校产学研协同创新，根据学校学科特色及专利申报特点，筛选学校高价值专利培育项目，为地方经济产业发展提供知识产权信息服务
山东	中国海洋大学	山东省青岛市崂山区松岭路238号	在开展科技成果、专利分析、信息咨询等服务的同时还开展专利信息服务、情报分析、学科服务、人才培养等知识产权信息服务工作，致力于知识产权的创造、运用、保护和管理，提供全流程的服务
河南	郑州大学	郑州市科学大道100号	为知识产权的创造、运用、保护、管理提供全流程服务，不断完善知识产权信息公共服务体系，丰富知识产权信息服务内容，促进协同创新和科技成果转移转化，支撑国家创新驱动发展战略和知识产权强国建设
湖北	华中科技大学	湖北省武汉市洪山区珞瑜路1037号	围绕华中科技大学“双一流”建设，积极开展知识产权信息服务，为华中科技大学科技成果报奖、专利分析评议、导航布局、热点强势学科的分析判断提供信息支撑
湖南	湘潭大学	湖南省湘潭市	为政府部门、高校和企业提供知识产权信息咨询等服务性工作
广东	华南理工大学	广东省广州市天河区五山路381号	中心开展知识产权运用转化和保护研究、知识产权分析评价、知识产权知识和人才培训、中高端情报服务、高端智库研究等工作
	中山大学	广东省广州市新港西路135号	依托图书馆学科服务与科技查新服务团队，开展知识产权信息素养教育，专利检索与专利查新，机构、学者、专业技术专利分析等服务，增强师生知识产权保护意识，提升专利信息挖掘利用技能
广西	广西大学	广西南宁市大学东路100号	负责知识产权信息资源平台建设和维护，组织知识产权信息咨询服务，为学校学科发展和科研项目提供专利申请查新、专利分析、专利预警、专利评估等。负责组织知识产权培训服务，组织知识产权项目申请与实施

续表

所在省（区、市）	学校	地址	主要服务事项
重庆	重庆大学	重庆市沙坪坝区沙正街 174 号	开展知识产权讲座与培训，宣传和推广知识产权服务
四川	电子科技大学	成都市高新西区西源大道 2006 号	中心为学校知识产权的创造、运用、保护和管理提供全流程的服务，支撑学校协同创新和优势学科建设，促进学校科技成果转化，同时为地方经济产业发展提供知识产权信息服务
陕西	西安交通大学	西安市碑林区咸宁西路 28 号	为西安市高校及社会机构承担专利培训、专利检索、专利分析等相关知识产权业务，提供知识产权导航等服务保障，建设高校及公共信息服务体系，完善知识产权相关业务工作

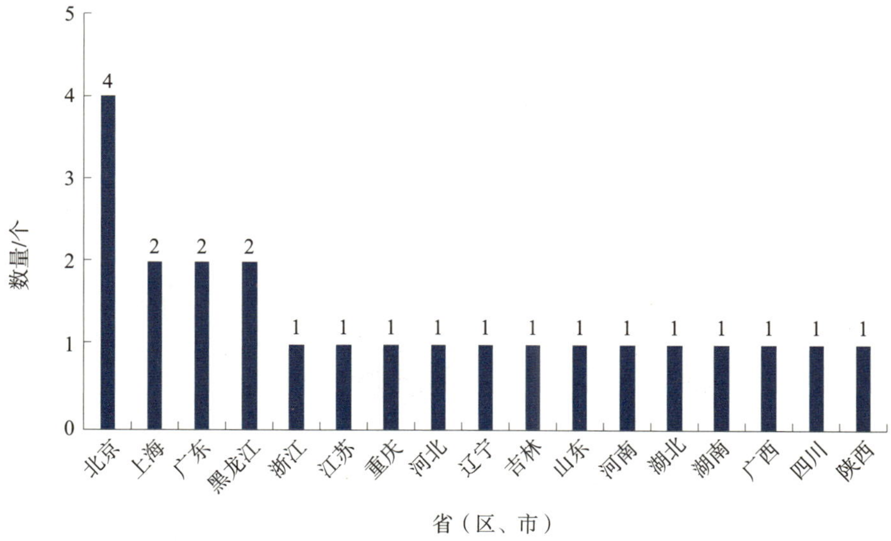

图 3－23　各省（区、市）高校国家知识产权信息服务中心分布

高校国家知识产权信息中心一般设立在高校图书馆。根据《高校知识产权信息服务中心建设实施办法》，高校国家知识产权信息服务中心应发挥高校的信息资源和人才资源优势，为知识产权的创造、运用、保护、管理提供全流程服务，不断完善知识产权信息公共服务体系，丰富知识产权信息服务内容，促进高校协同创新和科技成果转移转化。高校国家知识产权信息服务中心具体任务包括：高校知识产权信息及相关数据文献情报的收集、整理、分析；开展高校知识产权信息相关技能培训和知识产权信息素养教育；为高校师生开展知识产权信息分析、创新活动提供实践场地和专业指导，参与高校知识产权教学研究和人才培养；建设和维护高校知识产权信息资源平台和应用工具；为高校知识产权管理体系的建立和完善、知识产权重大事务和重大决策提供咨询、建议；支持高校优势学科建设，配合高校知识产权管理机构提供重大科研项目的知识产权信息服务；参与高校产学研协同创新，协助高校知识产权的资产管理和运营，促进高校知识产权转移转化等。有条件、有能力的高校可尝试拓展服务对象和范围，进一步发挥信息资源和人才优势，为地方经济产业发展提供知识产权信息服务。以电子科技大学、北京大学等为代表的高校国家知识产权信息服务中心建设的创新实践不断涌现。

电子科技大学通过整合图书馆知识产权资源建设、信息传播与利用优势，科研院知识产权创造、管理与保护优势，经管学院知识产权教育与研究优势，形成了具有电子科大特色、知识产权管理体系完善、创新协作优势突出、资源整合共享的“三方共建、协同创新”建设模式，如图 3－24 所示。

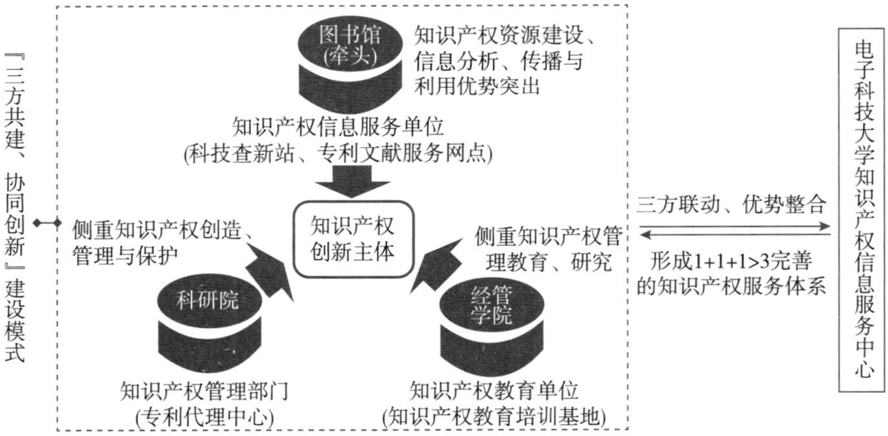

图 3－24　电子科技大学知识产权信息服务中心建设模式

“三方共建、协同创新”建设模式是指知识产权信息服务单位、知识产权管理部门、知识产权教育单位三方部门的人力资源、项目资源、技术资源、成果资源的极大程度整合与优化，为电子科技大学知识产权信息服务中心建设提供了强大的发展动力。三方单位通过共同研制中心业务类型，明确了知识产权信息服务基本业务方向。根据三方单位已有工作基础与优势，业务类型既有独自承担部分，也有协作配合内容，其协作共建的业务类型如表 3－8 所示。经过资源整合、业务共建，三方单位原本独立的知识产权服务被完整地衔接起来，不仅优化了电子科技大学校内职能部门的资源配置，也提高了知识产权服务效益，能够更全面、高效、专业地助力高校的创新发展。

表3-8 电子科技大学三方单位协作共建业务类型

服务类型	服务内容	知识产权信息服务中心		
		图书馆	科研院	经管学院
提供资源	提供各类文献资源	√		
检索服务	提供各类型检索服务	√		
咨询服务	知识产权管理、服务等咨询	√	√	√
知识产权教育与培训	知识产权相关课程及主题培训	√		√
知识产权素质拓展	创新实践、宣传活动	√		√
知识产权信息分析	根据需求，提供各类型分析	√		
知识产权资产管理与运营	专利申请、托管、转移转化等服务		√	
知识产权项目研究	知识产权项目分析、动态研究	√		√
知识产权平台建设	特色资源平台、分析平台建设	√	√	√

注："√"表示正在开展相关业务。

北京大学知识产权信息服务中心不断加强知识产权信息素养教育体系建设，形成多层次、多渠道、宽覆盖的知识产权信息素养教育体系，为北京大学产学研协同创新和知识产权效益的提升增加了人才储备，奠定了人才基础。该中心围绕不同层次的用户需求，构建了知识产权信息素养教育和评测体系，提高了北京大学师生的知识产权信息素养，助力北京大学科技成果转化，促进国家创新驱动发展战略的实施。北京大学知识产权信息服务中心依托北京大学图书馆陆续开设了"专利数据的检索与分析""利用专利资源进行创新性选题""专利申请基础指南"等主题的一小时讲座，并且在通选课《电子资源的检索与利用》、大类平台课《信息素养概论》和国家级精品视频公开课《数字图书馆资源检索与利用》中对知识产权相关知识和数据库进行了介绍，提高了北京大学师生的知识产权信息素养。此外，北京大学知识产权信息服务中心还联合数据库提供商，开展了针对全国图书馆馆员的专利检索与分析实务培训、针对北京大学职能部门员工的知识产权实务培训和针对北京大学师生的定题知识产权培训，还在专利需求很大的院系的主题活动、校园活动中提供了定制的用户培训。例如，利用与信息科学技术学院的学生社团合办大赛等契机开展系列讲座等，提高了相关人员的知识产权实务分析能力。另外，北京大学知识产权信息服务中心在信息素养手机游戏，信息素养大赛中嵌入了知识产权方面的内容，进一步扩大知识产权信息服务工作影响力，提升师生知识产权信息素养。

3.2.2 其他知识产权信息公共服务网点建设进展

除高校国家知识产权信息服务中心外，知识产权信息公共服务网点还包括园区知识产权信息服务工作站、科研情报机构、社团组织、公共图书馆等。不同类别的服务网点在资源优势、服务对象、服务方式等方面各有所长，有利于推动知识产权信息公共服务与教育、产业经济等领域紧密结合，提高知识产权信息公共服务的社会价值。

1. 园区知识产权信息服务网点

经济技术开发区、高新技术产业开发区等各类园区作为经济与技术发展的前沿阵地，自身知识产权意识强，各级政府重视、资源支持力度大，各方面数据容易打通，得天独厚的条件更便于其作为基层网点贴近市场，为园区企业、从业者等提供各类知识产权服务。近年来，国家知识产权局立足推动高质量发展，围绕园区的创新发展需求，持续开展园区知识产权试点示范工作，不断提升试点示范园区的知识产权创造、运用、管理、保护、服务等方面能力。引导园区整合专利、商标、地理标志、集成电路布图设计等基础数据，充分利用现有各类服务资源，推动建立园区主导产业知识产权数据库；优化园区中小企业知识产权公共服务，推动建立知识产权托管工作体系，倡导以发放创新券、知识产权服务券等政府购买服务的方式，支持优秀知识产权服务机构提供专业化的托管服务；加强园区知识产权宣传，组织相关媒体专题报道知识产权支撑园区高质量发展的典型案例，有利地推动了全国园区知识产权工作的开展。

各省市积极响应国家知识产权局的政策和引导措施，重视发挥园区在公共服务和创新支持方面的基础性作用。多地积极推进知识产权服务示范园区与专项试点建设，多个省市园区以建设园区工作站、运营园区知识产权公共服务平台、成立知识产权联盟等形式面向社会主体提供服务，不断扩大知识产权公共服务的辐射面。

其中，湖南省园区网点建设多措并举，省知识产权局与市局和高新区管委会建立战略合作机制，三方共建知识产权综合服务站点，目前已覆盖到长沙、株洲、湘潭等 10 个市州的国家级高新区、国家经济技术开发区或省级重点园区，成立了 12 个湖南省知识产权综合服务分中心，为企业、创新团队提供高效快捷的专利代办、专利信息利用、知识产权维权、知识产权运用等方面的业务办理、咨询、培训等公益服务，建立企业联络员制度，打通知识产权服务企业“最后一公里”。天津高新区推出“创新创业通票”。镇江经济技术开发区搭建了“中小企业知识产权托管平台”，培育或引进知识产权品牌机构，为企业提供专利检索、专利商标代理、地理标志保护、专利信息推送、预警导航、知识产权运营等多种服务。郑州金水区国家知识产权创意产业试点园区在加强资源整合的同时注重智库建设，目前已有入库专家 169 名，并结合企业的自身需求，建立了企业知识产权联络员制度，为深入了解创新需求，畅通服务渠道打下了良好的基础。

多地园区围绕主导产业建立知识产权数据库，如西安高新区建立了“光电子集成产业专利数据库”，石家庄高新区建立了“全球生物医药产业专利数据库”，常熟经济技术开发区建立了“汽车及零部件产业专题专利数据库”等。广东为高新区企业搭建了知识产权服务资源平台，开展了全省高新技术园区知识产权工作基础管理平台建设，依托平台指导高新技术园区管理部门通过信息化手段在线对接园区内企业、服务机构的工作，逐步形成园区知识产权创造、运用、保护、管理、服务的大数据驱动和管理基础。海南师范大学国家大学科技园通过建设知识产权、成果转化、科技文献共享等八大服务平台，为创新者和企业提供专利、商标、外观设计、成果转化、科技文献查询、科技查新、项目申报、产品中试等服务。

2. 科研情报机构

科研情报机构作为知识研究引领地、前沿成果聚集地，往往能够更准确地把握知识产权和技术动态方向，实践和推动知识产权信息与产业、技术、经济等信息的融合应用，在专利分析、布局研究、成果转化中发挥不可替代的作用。科研情报机构通过知识产权信息、产业技术信息及相关数据文献情报的收集、整理、分析工作，跟踪、监测研发活动中的知识产权动态，提供多样化、高水平的信息服务。

中国科学院文献情报中心是科研情报机构的代表之一。该中心知识产权信息服务以团队为核心，以学科馆员为抓手，在研究所分方向分层次进行知识产权信息网络架构，面向决策一线、科研一线、区域产业一线为不同目标群体提供服务。首先，在面向决策一线的服务方面，该中心构建了社会影响显著的“中国科学院知识产权网”，产出了决策支撑/管理保障系列产品。例如，“促进成果转化专项行动”为决策提供支撑，为管理提供保障；《科研组织知识产权管理规范》梳理可能开展的服务，为知识产权信息服务工作的开展进行规划和准备。其次，在面向科研一线的服务方面，该中心支撑科研全过程的知识产权与产业技术分析工作，开展知识产权与产业技术分析，有效服务科研与管理决策；开展知识产权分析利用水平提升培训工作，面向研究所科研人员和研究生开展专利检索与分析培训，提升知识产权信息利用水平。最后，在面向区域产业一线服务方面，该中心紧扣区域产业需求，通过文献数据，深度挖掘区域技术布局及产业布局，分析知识产权强国战略下区域及产业的技术储备和发展趋势。

此外，各省（区、市）也积极发挥科研情报机构在知识产权信息公共服务体系中的作用。甘肃省成立了甘肃省科学技术情报研究所，为各级领导部门决策提供资讯参考，同时面向社会，为企业、科研院所、高等院校、医疗机构等提供情报服务；辽宁省确定辽宁知识产权研究所为辽宁省专利信息传播利用基地工作站，进一步扩大知识产权信息传播利用辐射面，完善辽宁省知识产权信息传播利用工作体系；吉林省知识产权局加大资金投入，支持科研院所专利信息平台建设，积极推动科研院所建设知识产权信息服务中心，并纳入知识产权信息公共服务体系；云南省成立科学技术情报研究院，面向全省各行业领域企业提供专利信息应用服务，包括行业专利信息应用专题服务、创建专利信息专题数据库、开展企业专利信息应用能力培训等，为企业提升信息应用能力，增强市场竞争力提供支持。

3. 社团组织

行业协会、产业联盟等社团组织，因其独立、自主、多方连接等特性而活跃于多省市的知识产权服务过程当中，进一步扩展了知识产权公共服务覆盖面，满足了创新主体多样化需求，并通过定期举办知识产权培训讲座、举办展览、组织会议等提高行业知识产权管理水平。中国石油和化学工业联合会搭建了“石油和化工行业专利创新服务平台”，并与橡胶谷集团公司创建“中国橡胶行业知识产权运营平台”，引导企业强化知识产权工作，推动行业创新发展，提升产业核心竞争力。此外，中国石油和化学工业联合会还于2017年联合南京工业大学、河南工业大学、义马集团组建“煤生化知识产权战略创新联盟”，在产业创新的同时，构筑专利池，最大限度地实现专利经济价值。

在各省市知识产权信息公共服务相关的社团组织中，河北省知识产权保护与发展协会具备较高成熟度，形成了较完整的服务体系，该协会承担了开展理论研究，组织学术活动；普及知识产权知识；开展知识产权的科学论证及相关的咨询服务；推荐和组织实施知识产权技术项目；编辑出版知识产权刊物等工作。沈阳市为进一步做好知识产权信息传播利用工作，由沈阳市专利信息服务中心牵头、沈阳市知识产权局协办，建立了沈阳市知识产权服务产业联盟，通过整合资源，发挥联盟单位的各自优势，为相关企业提供知识产权信息、知识产权培训、知识产权转让及转化、技术咨询及法律援助等服务，逐步形成了信息化、网络化、规范化、产业化的新兴服务业态。

4. 公共图书馆

公共图书馆以其高度知识性与公益性而享有资源和受众上的双重优势，同样能够有效助力于知识产权信息公共服务。公共图书馆主要依托知识产权信息公共服务平台，免费为社会公众服务提供知识产权信息检索查询等基础性信息公共服务。此外，公共图书馆面向社会公众开展免费知识产权信息咨询、图书借阅等工作，并通过举办展览、讲座、论坛、沙龙、公开课、阅读推广活动等形式，进行知识产权理念和基础知识的传播。

目前已经面向公众提供知识产权信息公共服务的公共图书馆包括国家图书馆、上海图书馆、深圳大学城图书馆以及一些发达地区的省市公共图书馆等。上海图书馆作为上海专利信息公共服务体系的重要部分，承担着传递专利公共信息、满足社会专利需求的重要职能，为公众、企业等提供着全方位专利服务支持。吉林省图书馆是吉林省科技查新机构、专利文献服务网点、知识产权（专利）服务业品牌培育机构，历年来累计完成科技查新报告近 5000 项，吉林省图书馆科技信息服务主要包括信息资源开放获取、文献提供、查收查引、科技查新、专利检索分析、学术不端检测、信息产品、信息素养教育等内容。陕西省将支持公共图书馆建立知识产权信息服务网点作为其重点工作，推动通过公共图书馆向全省个人及中小微企业开展知识产权信息供给、加工及推送服务。

3.3　推进在华技术与创新支持中心（TISC）建设

技术与创新支持中心（TISC）是世界知识产权组织（WIPO）发展议程框架下的项目，可以在专利局、大学、研究中心和科技园区等多种类型的机构中建立，旨在帮助发展中国家的知识产权用户提升技术信息检索能力，更快地掌握行业动态和新技术信息，增强创新能力。国家知识产权局与WIPO方面积极协调沟通，推动TISC项目在华落地。目前，在华TISC承办机构服务创新创造方面的成效正在逐渐显现，成为知识产权强国建设强有力的支撑。

3.3.1 TISC项目背景简介

TISC通过提供高质量的技术信息服务推动知识和专业经验的广泛传播和利用，不断缩小全球知识差距，促进经济和社会发展。为了推动TISC发展，WIPO在措施制定、出版物发行、培训材料和工具提供方面做了大量工作，目的在于帮助TISC获取和有效利用有价值的科学和技术信息，具体包括[1]：

（1）WIPO与领先的专利数据库提供商和出版商ASPI和ARDI建立了公私合作伙伴关系。ASPI使发展中国家的机构能够以免费或低成本方式获得商业专利数据库服务；ARDI旨在通过与出版业建立公私合作伙伴关系，增强发展中国家获取科学和技术信息的能力，免费或以较低成本获取期刊、书籍和参考文献等信息资源。

（2）WIPO建立了eTISC知识共享平台。eTISC将TISC社区与对专利信息和相关主题感兴趣的其他个体联系起来，促进不同国家和地区的eTISC成员共享知识和经验。此外，eTISC还会通过不同主题的网络研讨会和“问专家”咨询活动来提供培训机会。

（3）WIPO重视开发知识和技能。WIPO支持TISC工作人员发展知识和技能，提供一系列高质量培训服务。培训内容包括现场讲习班和研讨会，培训特色包括与WIPO学院合作开展远程学习以及关于eTISC平台上特定主题“问专家”会议和网络研讨会。

（4）重新设计“专利注册门户网站”（Patent Register Portal）。该网站是一个全球门户网站，提供在线专利注册和公报的链接，以及可在线检索和查询法律状态信息。WIPO对该门户网站进行重新设计，新版于2018年11月发布，包含了超过200个区域的信息、可检索地图和表格的专利信息、含详细法律状态信息的新帮助文件以及检索攻略。

自2009年WIPO启动TISC项目至今，已在80个国家建立了800个左右TISC

---

[1] 世界知识产权组织.2018年技术与创新支持中心年报［EB/OL］.［2019-06-06］. https://www.wipo.int/publications/en/details.jsp?id=4421&plang=EN.

中心，基本形成了覆盖主要发展中国家的 TISC 网络。同时，部分国家之间建立了区域 TISC 网络，例如东南亚国家联盟（东盟）成员国、中美洲和多米尼加共和国（CATI－CARD）、非洲地区知识产权组织（ARIPO）成员国都建立了区域 TISC 网络，利用区域优势提供针对性的支持，服务地区创新和发展，促进国家间的深入合作。

随着 TISC 网络数量的增加，TISC 成员持续为创新者提供获取技术信息和相关创新支持服务的途径，TISC 服务需求逐年增加。据统计，2018 年，TISC 成员收到约 935000 个查询请求。为了满足日益增长的服务需求，各国 TISC 不断更新发展理念，创新服务方式。例如，俄罗斯建有 170 多个 TISC 中心，是目前 TISC 建设数量最多的国家。近年来，俄罗斯不断完善和运行以服务范围来区分的三级 TISC 网络体系，其中第一级 TISC 机构可以向任何人提供服务，第二级 TISC 向特定机构提供服务，第三级 TISC 针对青少年开展服务。摩洛哥作为较早设立 TISC 的国家，率先提出建设 TISC 2.0 的概念，摩洛哥目前共建立 54 个 TISC，并在 TISC 下设 70 个服务点，增设“服务点”这一机制为 TISC 网络提供了有益补充，使得知识产权服务更贴近用户，可以更直接地开展相关工作。

TISC 网络为发展中国家的创新发展提供了有力支撑，也为各发展中国家提供了交流合作的平台，随着全球 TISC 网络的不断扩充和服务能力的不断提升，TISC 将在 WIPO 知识网络的持续扩展及各发展中国家的创新发展中发挥越来越重要的作用。

3.3.2　在华 TISC 项目推进情况

为探索将 TISC 项目引入我国，使其为我国创新主体，特别是中小企业和发明人服务，国家知识产权局自 2016 年起多次与 WIPO 方面接洽，积极推动 TISC 项目在华落地。通过多轮磋商，2017 年，国家知识产权局与 WIPO 共同启动第一批在华 TISC 试点建设工作；2018 年，启动第二批在华 TISC 试点建设工作。在上述工作顺利开展的基础上，2019 年 4 月，国家知识产权局局长申长雨和 WIPO 总干事高锐在北京正式签署《中国国家知识产权局和世界知识产权组织关于在华建设技术与创新支持中心的谅解备忘录》，计划到 2021 年底，分批次在华建设 100 家左右 TISC 机构，形成覆盖全国、分布合理的 TISC 网络。

为充分发挥 TISC 作用，加强和规范在华 TISC 项目建设，提升创新创造水平，国家知识产权局于 2019 年 8 月制定印发了《技术与创新支持中心（TISC）

建设实施办法》（以下简称“办法”）。根据该办法，各级知识产权信息服务机构、科技园区生产力促进机构、公共图书馆、高校和研究院所图书信息机构以及承担知识产权信息服务的市场化机构等各类型法人单位均可申报建设成为 TISC 机构。

经过国家知识产权局与 WIPO 共同的考察和评估，2019 年 4 月和 9 月，分批完成第一批 7 家和第二批 10 家 TISC 承办机构的授牌并签署服务协议。2019 年启动第三批 TISC 承办机构推荐工作。28 个省、自治区、直辖市共推荐候选机构 72 家。经过初选、专家委员会评审及国家知识产权局与 WIPO 共同调研等环节，确定第三批 TISC 筹建机构名单（共 35 家）。

目前，在华 TISC 建设各项工作进展顺利，前两批 TISC 机构顺利运行，第三批 TISC 机构的筹建工作也在按计划推进。如表 3 –9 所示，除山西、辽宁、宁夏和西藏外，全国 27 个省、自治区、直辖市均设有 TISC 承办机构或筹建机构，基本实现了全国覆盖，在华 TISC 网络已初具规模。在省（区、市）分布上，北京市 5 家，上海市 4 家，天津市、江苏省、湖北省、广东省、山东省、四川省各 3 家，重庆市、河北省、陕西省、甘肃省、安徽省、河南省各 2 家，黑龙江省、浙江省、江西省各 1 家，如图 3 –25 所示。

表 3 –9　国内 TISC 机构名单

TISC 建设批次	省（区、市）	名称
第一批	北京	北京东方灵盾科技有限公司
		中关村科技园区丰台园
	天津	天津大学
	江苏	江苏省专利信息服务中心
		南京理工大学
	上海	上海专利商标事务所
		上海交通大学
第二批	重庆	重庆摩托车（汽车）知识产权信息中心
	广东	广州奥凯信息咨询有限公司
		广州中新知识产权服务有限公司
	安徽	合肥汇众知识产权管理有限公司
	山东	山东省专利信息服务中心
	河南	河南省知识产权事务中心

续表

TISC 建设批次	省（区、市）	名称
第二批	河北	石家庄众志华清知识产权事务所
	贵州	贵州派腾科技服务有限公司
	湖北	武汉光谷知识产权联盟管理有限责任公司
	四川	电子科技大学
第三批（筹建中）	北京	国家知识产权局专利检索咨询中心
		中国科学院文献情报中心
		北京市知识产权信息中心
	天津	天津市科学技术信息研究所
		天津市知识产权服务中心
	河北	河北省知识产权保护与发展协会
	内蒙古	内蒙古知识产权服务中心
	吉林	吉林省图书馆（吉林省少年儿童图书馆）
	黑龙江	东北林业大学
	上海	上海图书馆（上海科学技术情报研究所）
		中国科学院上海生命科学研究院
	江苏	江苏大学
	浙江	浙江省知识产权研究与服务中心
	安徽	中国科学技术大学
	福建	福建省知识产权发展保护中心
	江西	江西省陶瓷知识产权信息中心
	山东	青岛市知识产权事务中心
		山东专利工程总公司
	河南	郑州市金水区国家知识产权创意产业试点园区
	湖北	湖北省知识产权发展中心
		中国科学院武汉文献情报中心
	湖南	湖南省知识产权信息服务中心
	广东	广东省知识产权保护中心
	广西	广西知识产权发展研究中心
	海南	海南师范大学国家大学科技园
	重庆	重庆大学

续表

TISC 建设批次	省（区、市）	名称
第三批（筹建中）	四川	四川省知识产权服务中心
		中国科学院成都文献情报中心
	云南	云南省科学技术情报研究院
	陕西	陕西省知识产权服务中心
		中国杨凌农业知识产权信息中心
	甘肃	兰州大学
		中国科学院兰州文献情报中心
	青海	青海省青藏专利信息服务中心
	新疆	新疆大学

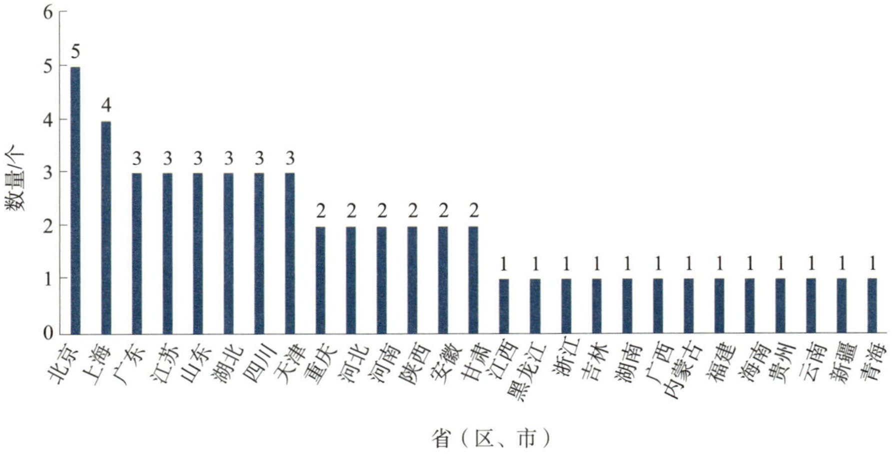

图 3－25　前三批在华 TISC 地区分布

在上述三批 TISC 机构当中，包括地方知识产权信息中心 7 家，其他地方知识产权公共服务机构 13 家，包括知识产权服务中心、保护中心、事务中心和研究中心等机构，高校 10 家，科研院所 7 家，图书馆 2 家，科技园区 3 家，信息咨询服务机构 8 家以及其他类型机构 2 家，如图 3－26 所示。

目前，国家知识产权局下设 TISC 协调工作组和 TISC 专家委员会，统筹协调 TISC 各项工作。TISC 协调工作组负责 TISC 工作规划、项目开展及管理等相关工作的组织和落实，TISC 专家委员会负责对 TISC 进行技术指导、提出考核评估意见。各省（区、市）、新疆生产建设兵团知识产权局（知识产权管理部门）按照办法的规定进行推荐，对 TISC 机构的建设和运行予以支持，并协助开展相关工作。

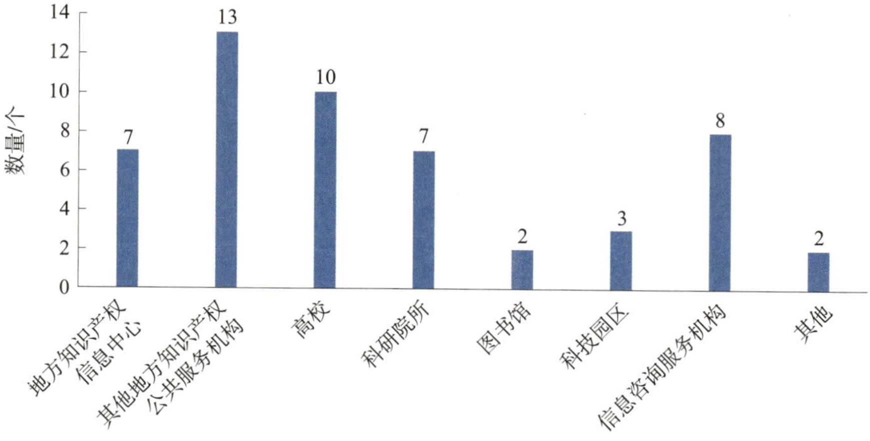

图 3-26　前三批在华 TISC 类型分布

TISC 提供的服务分为基本服务、高级服务和自选增值服务三类，其中基本服务为免费服务，高级服务和自选增值服务可基于服务内容合理收取适当费用。基本服务包括提供信息资源、基础检索、咨询和宣传等服务，并对创新主体检索与利用知识产权信息进行指导和基础培训等。高级服务包括提供特定检索、技术监测和竞争者监测、预警导航、分析评议、进阶培训、知识产权托管等。自选增值服务包括建设特色资源数据库、提供专业培训和专题讨论、协助开展技术成果转化、出版技术类相关出版物、提供知识产权战略制定和管理咨询、知识产权金融支持、建立技术创新联盟等。

国家知识产权局对 TISC 承办机构提供培训和工作支持。例如，为第一和第二批承办机构安排提升能力专项资金，开展创新服务、企业专利信息能力提高等项目工作。在第十届中国知识产权年会期间，国家知识产权局举办 TISC 国际研讨会，邀请俄罗斯、摩洛哥等国家 TISC 机构代表来华交流建设经验，并召开 TISC 专利检索培训研讨会，邀请 WIPO 专家来华，对前两批承办机构和第三批筹建机构工作人员进行培训。此外，国家知识产权局与 TISC 承办机构保持密切沟通，从三方面指导、推进 TISC 建设：一是指导加快基础设施和人力资源配置。TISC 承办机构要规划专门的办公服务场地，并购买扩充数据库种类，保证数据资源和文献量持续增长，抽调业务骨干，组成 TISC 工作组，保障 TISC 的服务质量。二是指导提供高质量的技术信息服务。TISC 承办机构按计划开展培训、检索咨询、推广宣传等公益服务，同时开展技术分析、产业趋势研究等高端服务，满足不同服务对象的服务需求。三是指导开展能力提升建设。TISC 承办机构组织员工参加业务培训或研讨会，统一学习 WIPO 远程课程，提升专业能力。TISC 机构通过不断提升服务能力，为创新主体提供了高质量的知识产权信息服务支撑。

TISC 服务国内创新创造方面的成效正逐渐显现。例如，北京东方灵盾科技有限公司利用其中医药领域的专利数据优势和创新资源，积极发挥 TISC 服务功能，通过培训、建平台等方式助力提升中医药产业技术创新能力，为产品附加值的提升和产业链培育延伸提供创新支撑。河南省知识产权事务中心深入调研企业研发需求，组建多方人员参与的团队，以高质量的产业专利分析和技术分析为基础，为研发技术难题的解决提供了有效途径，为企业专利布局和培育高价值专利提出方案并构建相应的专利池，保护企业的研发成果，提高了企业的创新竞争力。武汉光谷知识产权联盟管理有限责任公司在知识产权产业链上探索出光谷知识产权国际合作中心、生物科技创新众创空间、“知果汇”系列线上平台一体的服务体系，围绕知识产权，形成涵盖信息共享、资源协同的知识产权运营服务生态系统，构建出线上线下一体化的、完善的知识产权服务全价值链体系。电子科技大学在筹建模式上整合了图书馆、经管学院、公管学院、科研院各自在知识产权管理、教育培训、信息服务及分析的优势力量，有效组配资源，全流程支持技术与创新。

国家知识产权局将继续会同 WIPO 共同推动在华高标准 TISC 建设，着力打造 TISC 的“高级版”，按期完成 2021 年底在华建成 100 家 TISC 的目标，形成覆盖全国、分布合理的 TISC 网络，为知识产权强国建设提供强有力的创新支撑。

第4章　知识产权公共服务典型案例

在不断推进知识产权信息公共服务体系建设的过程中，各地在知识产权公共服务方面进行了一系列探索，知识产权信息公共服务在驱动科技创新、助力产业升级、推进企业国际化进程、助力扶贫攻坚战、支撑“双创”建设等方面的积极作用不断得到实践。

4.1　知识产权公共服务促进驱动科技创新

为创新主体和市场主体提供及时有效的知识产权信息与服务，是驱动科技创新持续活跃的重要动力之一。近年来，北京、江苏等地着力深化知识产权公共服务，发挥知识产权信息在创新中的积极作用，推动高新技术行业的创新突破，促进产业集群创新发展。

4.1.1　北京：深化知识产权公共服务，推动高新技术突破

2019年，北京市政府工作报告中将“加强知识产权保护和运用，完善知识产权公共服务体系”列为重点任务之一，将知识产权作为创新之翼，深化知识产权信息服务，为企业科技创新保驾护航，激发创新主体的创新活力，推动高新技术突破创新。

北京市在深化知识产权信息公共服务方面开展多项工作。北京市知识产权信息中心建设并维护北京市知识产权公共信息服务平台，该平台服务于北京地区企业，可提供在线专利信息查询、产业专题库查询等多样化知识产权公共信息服务功能；同时北京市完善知识产权公共信息服务体系，建立起以北京市知识产权信息中心为主站，以各区知识产权局、在京高校和产业联盟为工作分站，以科研院所、重点企业、中介服务机构等为信息应用点的三级专利信息服务体系。截至2019年，北京市在产业园区、“双创”载体设立知识产权公共服务分中心、工作

站71个，定点服务企业2.3万余家，如图4－1所示；同时，北京市知识产权局开展专利试点工作，每年面向北京市专利试点单位，定期开展各类专题培训，培育高价值专利。在知识产权公共服务的助推下，北京地区企业在高新技术领域不断创造新的突破。

图4－1　北京市知识产权公共信息服务平台建设分布

中关村作为国家知识产权制度示范园区和我国科技创新的高地，涌现出了一大批以知识产权助推企业在高精尖行业突破创新的企业实例，北京旷视科技有限公司（以下简称“旷视科技”）作为其中之一，2017年和2018年被评为中关村知识产权重点示范企业、北京市专利示范单位和国家知识产权优势企业。在旷视科技的发展过程中，国家知识产权局、北京市知识产权局及中关村知识产权促进局等知识产权主管部门为该企业的知识产权工作提供了诸多指导。资深专利审查员分享审查案例，帮助企业把握审查政策，根据其技术和产品特点更好地开展知识产权布局。2019年1月，在北京市知识产权局等部门的指导下，由首都知识产权服务协会、北京市专利代理人协会等机构配合举办“中关村知识产权帮扶系列活动——走进北京旷视科技有限公司”，相关专家就中关村知识产权政策、行业知识产权预警、企业知识产权管理制度等内容进行分享与交流，帮助企业提升知识产权保护与运用能力，并为企业与服务机构建立知识产权服务供需对接桥梁。❶

在政府相关部门的指导帮助和企业自身的努力下，截至2019年，旷视科技已经在中国、美国、印度、韩国、日本、欧洲等国家和地区提交人工智能相关专利申请1700余件，其中发明专利占近8成，截至2019年底共有400余件专利获得授权，成为人工智能行业内拥有自主知识产权最多的企业之一。此外，旷视科技的知识产权团队积极利用知识产权在税收筹划、产品销售、技术合作及投融资中发挥重要作用。

❶ 中关村知识产权帮扶系列活动——走进北京旷视科技有限公司成功举办［EB/OL］.［2019－01－04］. http：//www. capitalip. org/news_detail_13566. html？ from = singlemessage.

4.1.2　江苏：开展知识产权信息服务，助推产业集群技术创新

江苏通过实施创新驱动发展战略，加强知识产权与科创产业的深度融合，不断创新知识产权信息服务模式，借力政府提供的基础性、均等化、专业化的知识产权信息公共服务，满足广大企业和各类创新创业主体的基本需求，不断激活市场的创新活力，促进相关产业集群科技创新成果数量与质量的持续提升。

江苏丹阳被誉为“中国眼镜之都”，是亚洲最大的眼镜产品集散地，为促进眼镜产业集群的创新与发展，江苏省开展多项知识产权信息公共服务。江苏省专利信息服务中心与丹阳市眼镜商会联合，选取“功能性眼镜”为切入点，及时获取并分析专利信息，助力产业链上下游的技术创新、研发及布局。实地调研新天鸿光学、海昌隐形、万新光学集团等眼镜企业，了解“功能性眼镜”技术，根据市场实际需求将“MCT 技术镜片”“科学分镜”“智能变焦”以及“MORTOR 视光技术”确定为先期研究的重点并进行技术跟踪。其间，江苏省专利信息服务中心指导企业制定各技术分支的检索策略，联合进行专利检索、分析和解读；梳理核心专利演进方向、理清技术发展的脉络；挖掘技术空白点，寻找新技术生长点，确立技术开发方向；确定产业链上下游专利申请人，帮助企业找到技术合作伙伴，做好产品转移。结合核心专利分析结果，通过专利信息指引，寻找获得许可或待引进的专利技术；解析相关专利技术的发展状态与趋势，优化产业发展方向、制定研发计划。专利信息利用工作的有效开展，助力新天鸿光学、海昌隐形、万新光学集团等企业，优化专利申请方案和专利布局，为提升市场效益奠定基础。❶

江苏省专利信息服务中心与丹阳眼镜商会共同成立中国眼镜产业创新与知识产权保护联盟，对主要竞争对手的知识产权布局情况进行跟踪分析，提前预判知识产权风险和威胁。通过建立眼镜知识产权风险应对机制以及知识产权风险池基金，采取知识产权联合布局、防御性知识产权收购、知识产权许可谈判等多种形式，共同应对潜在的眼镜产业重大知识产权纠纷与争端，增强风险防范和处置能力。联盟化举措为产业发展提供了更具针对性的知识产权信息服务，有效助力全产业链知识产权资源的整合和创新力量的凝聚，降低产业创新成本，提升产业创

❶ 国家知识产权局．江苏省专利信息服务中心特色服务擦亮丹阳眼镜招牌［EB/OL］．［2019－02－27］．http：//www. sipo. gov. cn/ztzl/zscqzldzcywzcx/alzsz/1139913. htm.

新效率。

江苏省十分注重提升企业技术人员的知识产权信息利用能力。江苏省专利信息服务中心指导企业技术人员对研发过程中的技术交底书进行查新和分析评判，确定专利申请和布局策略；指导企业技术人员进行专利检索，对于检索词的选取、检索路径的选择或是检索思路的规划提出建议。同时，企业研发团队及时消化吸收检索结果，反馈于项目研发，及时调整研发方向、优化研发路径，在关键技术的研发与创新取得突破的同时，技术人员的知识产权利用能力也得以提升。

4.2 知识产权公共服务助力加速产业升级

中国正处于转型发展的关键时期，中国制造正在向中国创造转变，加速产业转型升级是大势所趋也是实现长久发展的必要途径。科技创新与制度创新为产业升级提供了双轮驱动，知识产权公共服务则为加速产业升级提供了重要支撑。四川、福建等地充分利用知识产权公共服务，为产业升级找准方向，加快产业升级进程。

4.2.1 四川：聚焦行业知识产权信息分析，研判产业升级方向

2018年，四川省提出构建“5+1”现代产业体系，实施重点培育战略。为推进五大产业质量效益持续提升，四川省知识产权服务促进中心与企业、科研院所等创新主体围绕企业专利信息利用展开专项合作，开展电子信息、航空与装备制造、食品饮料、先进材料、新能源化工等5个产业的专利导航，形成了5类分析报告。系统收集包括专利情况统计分析、定位问题分析、发展路径分析、关键问题分析、策略举措研究、政策研究以及相关经济指标研究等关键基础数据和路径分析。其中，《四川省电子信息产业专利导航报告》《四川省食品饮料产业专利导航报告》分别在知识产权服务万里行四川站、天府知识产权峰会上正式发布，为四川省进一步促进优势产业发展、优化资源配置、增强竞争优势提供专利导航支撑和决策参考，向社会公众展示知识产权公共服务工作成果，提高创新主体专利信息运用的主动性和积极性。

四川省高度重视能源化工产业的平稳发展，根据《四川省能源化工产业专利导航分析报告》信息，积极推进产业转型。清华四川能源互联网研究院依托清华大学在电气、材料、热能、核能、水利、信息、环境、建筑等多学科交叉的综合优势，在能源互联网领域提出了创新性关键技术以及产品研发的方案。四川省知

识产权服务促进中心多次牵头组织召开能源互联网产业项目投融资对接活动，协调地方知识产权管理部门、金融机构、行业组织和投资机构、知识产权交易市场、服务机构等多方力量，开展项目咨询、评价、路演，实现“云仿真与智能决策研究中心产品”等 7 个专利项目投资机构与合作单位的精准对接，促进专利技术成果转化。❶

为推动四川省电子产业资本化、集约化发展，提升专利信息利用效率，四川省知识产权保护中心发挥公共服务职能，先后深入华为数字技术（成都）有限公司、成都京东方光电科技有限公司、英特尔产品（成都）有限公司等重点大型企业宣讲保护中心专利快速预审服务申请主体备案工作的相关事项，介绍保护中心开展的快速预审、快速维权、保护协作、专利导航、专利运营等知识产权服务内容。保护中心实地调研专利信息需求和知识产权转化利用情况，分析企业在专利申请数量、平均授权周期、质押融资、商标注册的数据，解决企业专利信息利用的痛点与难点。

同时，四川省积极建设省知识产权公共服务平台，平台以为创新者、创业者提供便捷服务、解决实际难题为宗旨，助力企业、产业园区、高校、科研机构的知识产权利用与商业科研转化，为技术创新的主攻方向、未来市场拓展空间、知识产权保护和运用的主要着力点等提供决策建议。

4.2.2　福建：构建产业导航大数据，指引重点产业升级路径

福建省把握省内重点产业升级方向，构建以提升自主知识产权竞争力为目标的产业导航大数据中心及相关产业数据分中心。福建省建立“知创福建”知识产权公共服务平台和“知创中国”知识产权综合运营公共平台，为重点产业完善知识产权布局和转型升级提供创新路径指引，如图 4－2 和图 4－3 所示。该平台以线上线下相结合的方式，整合知识产权服务涉及的申请、受理、抵押、担保融资多个环节，打造出一站式、便捷式服务平台，实现对商标、专利、版权、地理标志、商业秘密等各类知识产权的综合管理和服务。

❶ 四川省知识产权服务中心．四川省知识产权公共服务平台开展能源互联网产业项目投融资对接活动筹备工作［EB/OL］．［2019－10－12］．http：//scipspc.sc.gov.cn/dtzwxx/zscqgz/201910/t20191012_21897.html.

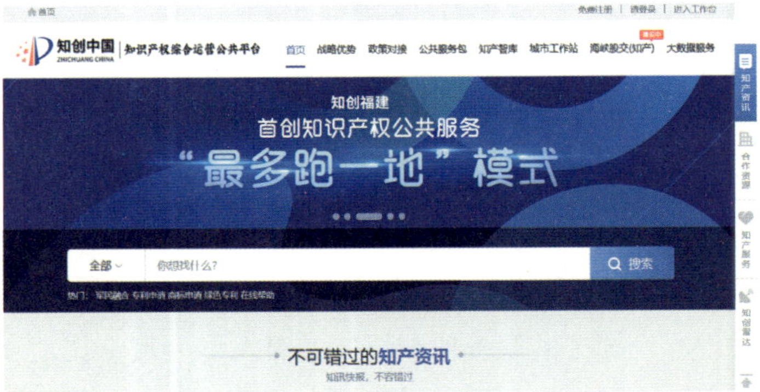

图 4 －2 “知创中国”平台首页❶

图 4 －3 “知创福建”平台首页❷

“知创福建”和“知创中国”平台已成为福建省构建知识产权治理新模式的重要平台，“知创中国”线上平台和“知创福建”线下平台，一端联接需求端，一端联接供给端，将创新主体、普通公众、政府管理部门、知识产权服务机构和行业协会有机联结，形成政务信息服务、企业信息服务、专利交易、知识产权金融、知识产权保护响应等一体的知识产权公共服务机制，有力地促进知识产权资源利用、服务整合和管理优化，推进知识产权治理模式的现代化。如图 4 －4 所示，“知创福建”知识产权公共服务平台已为 345 家企业提供了知识产权创造、保护和运用等中高端服务，辅导 1051 家企业通过贯标认证并取得证书，协助企业实现知识产权质押融资额达 17.43 亿元，指引福建 15 个产业领域和 123 家企业实施导航完善知识产权布局和转型升级，受理各类知识产权纠纷案件达 3066 件。❸

❶ 参见知创中国知识产权综合服务平台官网 https：//www. zczgip. com/.

❷ 参见知创福建福建省知识产权公共服务平台官网 http：//www. zcfjip. com/.

❸ 福建：全国首创知识产权公共服务“最多跑一地”模式［EB/OL］.［2019 －11 －29］. http：//fj. xinhuanet. com/shidian/2019 －11/29/c_1125290124. htm.

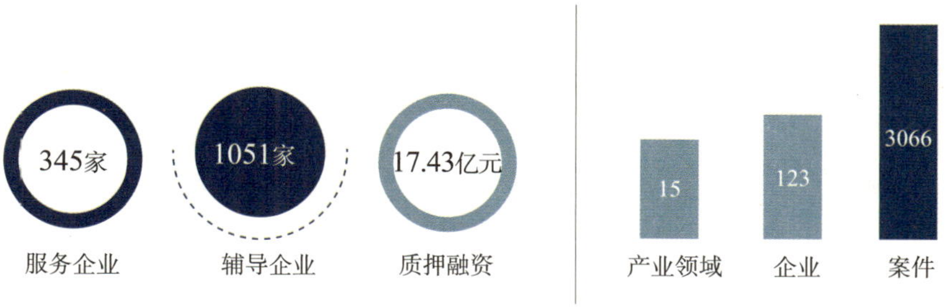

图 4－4　“知创福建”知识产权公共服务平台建设成效

依托“知创福建”“知创中国”平台汇聚的产业创新和知识产权资源，福建省制定了以省市联动方式实施“1＋10”专利导航产业发展创新计划，由省、区、市政府提出产业需求，对全省 15 个重点产业领域的 123 家龙头企业实施专利导航。专利导航整合多维数据资源，面向全省企业提供创新方向引导及高质量的专利信息共享共用服务，精准匹配创新资源，及时开展专利布局，以服务驱动企业创新发展，推动产业升级与布局优化。福建省知识产权局利用“1＋10”专利导航，帮助福建龙净环保股份有限公司（以下简称“龙净环保”）查询专利信息以及工程应用案例信息，从全球视角结合国内专利信息对臭氧发生器、脱硫废水治理零排放等技术领域进行专利导航；对龙净环保的技术发展路线、研发方案制定、企业并购、技术引进等多个层面提供指导与帮助。截至 2019 年底，龙净环保先后荣获三项国家科技进步奖，成为工信部认定的“制造业单项冠军示范企业”。目前，龙净环保不仅是多个国家级科技创新平台，还承担国家和地方科技创新项目 90 多项，授权专利 870 多项，制定国家及行业标准 110 多项。

“知创福建”“知创中国”通过集聚大批国内外中高端知识产权创新资源和要素，优化知识产权服务供给，拓宽知识产权公共服务的辐射范围，为创新创业赋予新活力，也为“最多跑一地”模式注入了新的生命力，不断满足福建省各类创新主体对知识产权公共服务日益增长的现实需求，通过对专利信息资源的整合、开放与利用，市场主体能够实时掌握世界高科技研发及产业最新动态，协助创新主体利用专利信息资源开展专利挖掘、布局、预警等活动，引导高价值专利创造和布局路径，为福建省产业创新发展、转型升级提供支撑。

4.3 知识产权公共服务推进企业国际化

在“走出去”政策的引导下，越来越多的中国企业开始走出国门与国际接轨，知识产权公共服务为这些进军国际市场的企业提供指导，提升企业海外知识产权的保护意识与能力，及时化解海外知识产权风险，为企业国际化进程保驾护航。近年来，广东、山东等地相继将知识产权公共服务落实到帮扶企业国际化进程中，运用知识产权信息分析服务指导企业海外布局，帮助企业开展商标品牌的国际注册，提升企业海外知识产权保护意识，增强企业的国际竞争力。

4.3.1 广东：运用知识产权信息分析，指导企业海外布局

随着“走出去”进程日益深化，我国企业所面临的海外知识产权风险也日趋多样化和复杂化，在品牌塑造、技术研发、产品生产、产品出口、员工管理以及与国外公司的合作投资等各项活动中都有可能存在各种知识产权风险。广东省知识产权局通过开展项目、组织联盟的方式为企业提供系列知识产权信息公共服务。2016 年广东省知识产权局提出建设“广东省知识产权布局设计中心培育计划项目”，将项目按综合行业型和单一行业型进行分类，全方位、专业化地指导企业知识产权布局。

广东省知识产权局组织成立广东省知识产权布局设计中心，该中心帮助企业解决海外知识产权问题，并提供包括知识产权信息披露、知识产权预警咨询等服务。广东省知识产权局授权深圳峰创智诚科技有限公司开展“广东省知识产权布局设计中心（综合行业型）”建设项目。建立专家顾问库，提高设计中心的服务能力，为企业提供高质量知识产权服务，为产业提供知识产权海外布局和风险防控相关的指南性操作文件。2018 年，广东企业海外知识产权维权联盟启动，为广大企业提供交流、学习和应对海外知识产权问题的平台，帮助企业降低“走出去”过程中的知识产权维权成本，通过与政府、法院、组织、机构合作，构建便捷的海外知识产权维权途径；收集海外知识产权信息，整理相关国家和地区的知识产权政策和法律，跟踪海外知识产权动态和热点，开展企业海外维权调查、统计与研究。

广州市作为“走出去”战略的领头羊，在我国企业海外拓展战略中起到重要示范作用。广州市知识产权局高度重视知识产权保护工作，通过风险发生前打

预防针、风险发生时倾力支持、风险发生后全力弥补，全方位地为企业海外发展保驾护航。2016年，广州市知识产权局向经历国际知识产权维权的京信通信系统（中国）有限公司和广州奥翼电子科技股份有限公司分别提供企事业单位专利维权项目资金，分担和减轻企业国际知识产权保护的维权成本。[1]

4.3.2　山东：推动商标国际注册，提升企业海外保护意识

山东省高度重视商标品牌在实施创新驱动发展战略中的重要作用，引导和鼓励企业运用商标品牌"走出去"。不断加大商标国际注册推动工作力度，多措并举为企业商标品牌运用和商标品牌战略实施提供便利和指导。

山东省积极引导各类企业充分利用马德里商标国际注册体系的便利优势到海外注册商标、实施国际化发展战略。山东省青岛市目前已成为马德里体系申请量排名第一的中国城市，被世界知识产权组织誉为"青岛现象"。山东省以开展4·26知识产权宣传周、走访调研、召开出口企业座谈会等形式，宣传商标国际注册的典型案例和重要意义，提高企业"市场未动，商标先行"的商标海外保护意识。山东省开展以"商标品牌走进百姓生活"为主题的商标战略专题活动，营造重视商标品牌、关注海外注册的氛围。山东省青岛市组织开展商标代理法律培训，发挥代理机构在马德里商标国际注册中的作用；邀请国家知识产权局和世界知识产权组织专家，举办品牌国际化战略高级培训班，介绍马德里商标国际注册体系，引导企业打造世界品牌、开拓国际市场。

山东省青岛市确定了"重点出口企业至少一件国际商标"的帮扶目标，确定重点企业加强培育指导，针对性开展商标国际注册相关知识培训。向出口型企业介绍商标海外遭遇抢注的维权案例，为企业提供一站式海外注册辅导，引导海尔、赛轮、征和、金王等一大批企业分别通过马德里体系在数十个国家进行了商标国际注册，促使企业"产品营销链条到一国，商标注册就延伸到一国"。

山东省加大对申请商标国际注册的扶持力度；对企业进行马德里商标国际注册给予业务指导，节省企业商标国际注册的时间及法律成本；印制发放"马德里商标国际注册指南"，引导企业加强自主商标的国际注册和使用。山东省青岛市

---

[1] 央广网. 广州市支持创新主体开展专利保护两企业获百万专利维权项目资金［EB/OL］.［2016－10－20］. http：//www. cnr. cn/gd/gdtt/20161020/t20161020_523210723. shtml.

连续7年将马德里商标国际注册纳入了对各区、市政府的科学发展综合考核，充分调动和发挥各级政府的积极性。❶

4.4 知识产权公共服务助力扶贫攻坚战

知识产权在助力农业创新科技，推动产业升级发展，带动农民脱贫致富等方面具有重要优势。河南、新疆等地在知识产权公共服务助力扶贫攻坚工作上发力，将知识产权工作与精准扶贫工作相结合，开展知识产权精准扶贫巡讲等工作，注重发挥地理标志的精准扶贫“金钥匙”作用。

4.4.1 河南：开展知识产权巡讲，助力精准扶贫

为进一步增强县域知识产权意识，提升知识产权创造、运用、保护、管理和服务能力，夯实知识产权扶贫工作基础，河南省将知识产权与精准扶贫工作有效结合，发挥知识产权的优势作用，探索知识产权助力精准脱贫。自2018年开始，河南省每年投入60万元，以“知识产权助力精准扶贫”为主题，在全省开展贫困县知识产权巡讲活动。❷

2018年，河南省完成了27个贫困县的知识产权巡讲活动，参训人数近3000人次，发放宣传资料和调查问卷2000余份。相关专家就知识产权的基础知识、现状及发展、申请和保护、知识产权质押融资等方面进行介绍。

2019年，河南省知识产权局印发《关于开展2019年“知识产权助力精准扶贫”巡讲活动的通知》，针对余下26个贫困县继续开展巡讲活动。河南省知识产权管理部门结合各地工作实际制定巡讲方案，了解当地知识产权的知识缺口以及知识产权内容和技术需求，科学设置巡讲内容。知识产权管理部门购买知识产权相关书籍，免费赠予民众阅读，聘请知识产权理论与实务专家授课。通过制定巡讲活动意见调查表，向各地群众征集意见和建议。

2019年，河南省组建一批中小学知识产权普及教育基地。河南省知识产权事务中心专家组以“扶贫先扶智，知识产权助力‘精准扶贫’，科技创新创造”等内容为主题，分别到河南兰考县兰阳一中、坝头乡张庄小学开展知识产权教育

---

❶ 《济南市人民政府关于加快推进品牌建设的实施意见》（济政发〔2017〕9号）。

❷ 河南省知识产权局. 河南省启动2019年度“知识产权助力精准扶贫”巡讲活动［EB/OL］.［2019－08－13］. http://nipso.cn/onews.asp?id=48413.

巡讲活动。通过大量知识产权发明案例向学校师生讲解知识产权的相关基础知识。进一步加大中小学生知识产权保护意识。

河南省组织知识产权服务机构与贫困县企事业单位和农户对接交流，提供农业专利技术推介、专利数据库建设、商标和植物新品种公益咨询等服务，以知识产权提升产品价值，助力县域培育特色产业、发展现代农业，带动区域经济发展，打赢扶贫攻坚战。

4.5　知识产权公共服务支撑“双创”建设

在创新驱动发展成为新常态，大众创业、万众创新浪潮高涨的背景下，知识产权公共服务为创新创业的开展提供了有力支撑，推动“双创”发展新局面。近年来，重庆、浙江等地通过宣传推广知识产权信息服务、搭建特色专利信息服务体系等举措，支持“双创”活动，提升公众参与“双创”的意识与积极性。

4.5.1　重庆：推广知识产权公共服务，提升“双创”能力

为推动知识产权信息传播利用，提升公众创新创业能力，重庆市知识产权局围绕双创需求打造“知识产权服务包”，依托入驻知识产权服务机构和市知识产权服务中心的师资团队，面向众创空间主体开展知识产权基础知识、专利挖掘及申请流程、知识产权信息检索、知识产权政策解读等方面的培训，先后举办“知识产权助力众创空间发展培训会”、“聚芯”行动、“企业高价值专利培育与专利信息应用培训”等培训活动，增强众创空间企业和团队知识产权创造、保护、运用知识产权的意识，由点及面推动知识产权服务长效化开展。

2016 年，重庆市知识产权局举办“知识产权助力众创空间发展培训会”，面向各众创空间负责人、法务主管、创客代表和科研院所知识产权部门负责人，讲解众创空间、初创企业与知识产权、企业常见知识产权风险的防范和规避等内容，宣讲知识产权支持小微企业发展的相关政策。2018 年，重庆市知识产权局、重庆市高技术创业中心等举办众创空间专利“聚芯”行动，为众创空间提供六项免费服务，即免费为众创空间重点企业建立专题数据库、免费推送行业专利数据包、免费为众创空间培训知识产权专职人员、免费为众创空间提供知识产权咨

询意见、邀请专家免费巡诊、免费共享高校院所专利数据库❶。2019 年，在重庆市知识产权局的指导下，重庆市科技服务大市场、重庆市摩托车（汽车）知识产权信息中心联合举办了“企业高价值专利培育与专利信息应用培训”。培训面向科技型企业负责人、创新服务基地和众创空间等知识产权工作人员，培训内容包括最新知识产权政策解读、企业专利信息检索分析应用、专利信息系统工具操作实训、企业高价值专利培育与评估等。有效提升当地众创空间、创客的知识产权意识和运用能力，形成创新创业依靠知识产权、知识产权面向创新创业的良好氛围，对推进大众创业、万众创新起到积极作用。

4.5.2 浙江：提供特色知识产权公共服务，护航企业“双创”

浙江省结合省内电子商务企业的业务特点，提供了一系列特色化、有针对性的知识产权信息公共服务。自 2014 年开始，浙江省搭建起以电子商务为核心的特色知识产权服务体系，该体系立足于“互联网 + 市场监管”，为电商企业的知识产权成果保驾护航。“十三五”期间，浙江省累计完成电子商务领域专利侵权预警分析报告 30 余万份。同时，浙江省为入驻阿里巴巴平台的小微企业提供知识产权信息服务，出具各类信息分析咨询报告近 1000 份，涉及专利稳定性分析、侵权规避设计分析、产品侵权可能性分析。

浙江省搭建大数据交互平台，实现淘宝、天猫、1688、网易考拉、蘑菇街等平台内主体的在线实时比对，累计网店 451 万家。该平台将省内驰名商标、老字号、有影响力的品牌等纳入保护名录，实现品牌检索、线索推送等功能，形成聚合化的知识产权保护网络。借助大数据、云计算等现代信息化手段，浙江省查处了嘉兴“五芳斋”、丽水“艾莱依”等系列互联网商标侵权案件，以及案值达数百万的假冒“LV”“CHANEL”“GUCCI”品牌箱包、围巾商标侵权案。

浙江省知识产权局联手阿里巴巴和淘宝网，建立网络专利侵权处理联动机制，开通网络纠纷处理绿色通道，完善和升级网络维权体系。阿里巴巴等电商平台借助自身大数据、人工智能和区块链等新技术，构建了“技术赋能 + 多元共治”的数字经济知识产权保护平台。该平台将商品大脑、假货甄别、图像识别、语义识别、商品知识库、实时拦截、生物认证、抽检模型、政企智能协同、语义

❶ 重庆市知识产权局．市知识产权局开展众创空间专利“聚芯”行动推介活动［EB/OL］．［2018 - 05 - 03］．http：//zscqj. cq. gov. cn/html/content/18/05/10709. shtml.

情感分析、商家全景视图、直播防控等 12 项最新技术应用于知识产权保护，致力疑似侵权的自动甄别、处理。该平台开设“知识产权快车道”，通过平台与品牌权利人双向反馈通道、优化维权指引、多维数字化看板、账户管理系统升级等手段，保障品牌权利人在平台上发起的知识产权投诉的快速处置。